中國歷代藝文志考評稿

喬衍琯 講　　述
曾聖益 記錄整理

文史哲學集成

文史哲出版社印行

國家圖書館出版品預行編目資料

中國歷代藝文志考評稿 / 喬衍琯講述；曾聖
益記錄整理. -- 初版. -- 臺北市：文史哲，
民 97.03
　　頁：　公分. （文史哲學集成；540）
　ISBN 978-957-549-772-9 (平裝)

1. 藝文志 2.研究考訂 3.目錄學

013.2　　　　　　　　　　　　97003960

文史哲學集成　540

中國歷代藝文志考評稿

講　述　者：喬　　　衍　　　琯
記　錄　整　理：曾　　　聖　　　益
出　版　者：文　史　哲　出　版　社
http://www.lapen.com.tw
登記證字號：行政院新聞局版臺業字五三三七號
發　行　人：彭　　　正　　　雄
發　行　所：文　史　哲　出　版　社
印　刷　者：文　史　哲　出　版　社
臺北市羅斯福路一段七十二巷四號
郵政劃撥帳號：一六一八○一七五
電話886-2-23511028・傳真886-2-23965656

實價新臺幣．二四○元

中華民國九十七年（2008）三月十一日初版

中國歷代藝文志考評稿

喬衍琯講述　曾聖益記錄整理

目　次

敘 引

一

　　我第一次接觸目錄學方面的書，是在民國三十八年（1949）修許世瑛老師的「讀書指導」，他發了一分《書目答問》的講義，我把講義訂成一冊，後來在一次颱風裡不見了。這份講義我有沒有讀還是一回事，縱使讀了也一點印象都沒有。大四修潘石禪（重規）老師的《訓詁》學，他介紹了好多種《爾雅》方面的書；那個時候並沒讀過《爾雅》，老師介紹了實在也沒有甚麼效果。

　　到了四十六年（1957），爲了投考臺灣師範大學國文研究所的目錄學組，在圖書館借了一本姚名達的《中國目錄學史》，看起來像看天書一樣，等到考完了也就忘光了。國文研究所碩士班畢業，從此在中央圖書館實習，分到中文編目組，擔任中文編目工作，就比較能夠多接觸一些目錄的書。這時才能夠知道目錄書是怎麼一回事，怎麼利用。接觸時間漸漸久了，對目錄學才有些概念，也開始寫些這方面的文字，後來甚至在幾所學校教目錄學方面的課程。

　　真正對目錄學有比較多而且深入的接觸，是在編《書目叢編》時。《書目叢編》每編收書約二十幾種書目，每一書目我

都寫一篇提要，並爲全編寫一篇敘錄，編第二編再把前面一編或幾編做概括性的說明，這樣前後出了四編，收錄的書目近百種。《書目叢編》大概是三、四個月完成一編，平均一個星期要寫一、二種書目的提要，因此，多數都寫的非常粗淺，不過每一編中，也會有一、二種寫的比較深入些，這是因爲我對這幾種書目認識比較多點。這些書目的提要附在每一種書前面，除此外，每一編的書目提要也合爲單行本出版，這些算是我最早寫的文章。民國六十一年（1972），我到政治大學中文系任教以後，在研究所擔任相關的課程，才開始寫些篇幅較長、討論比較深入的文字。

二

目錄書的範圍很廣，我最初的研究是以宋代爲主，因爲宋代的目錄學特別發達，不但比之前的隋唐，也比其後的元明兩朝都要發達，現在傳下來的宋代書目也還有二、三十種。在這二、三十種當中，我先找《郡齋讀書志》和《直齋書錄解題》做研究，慢慢的再將範圍逐漸拓廣。

臺大的潘美月教授指導很多研究生，每人選一個藏書家或者是一種目錄書作爲學位論文的研究主題，有時候我會參與這些博碩士論文口試；每一篇論文前照例都要說私家藏書、私家書目是如何重要；但我在考試的時候常會唱反調，我說官修的書目，特別是歷史藝文志才是重要的。事實上兩方面是相輔相成。

官修書目，尤其是歷史藝文志，因祕府藏書非常豐富，編

撰者往往也有很好的學養，這不是私家書目能比得上的。當然歷史藝文志也有缺點，大致而言，官修的書出於眾人之手，往往不能夠像私家的那麼精密。私家藏書雖沒辦法跟公家比，可是有些時候會有比較獨特的收藏重心，所以私人藏書目，往往就有個人的特色，例如尤袤的《遂初堂書目》即是；因為這部書目只有書名，連著者、卷數都很少記載，所以一般人都不會看重，但尤袤的書目非常注重當代的史書典章制度，在這方面，就遠勝於同時修撰的史志書目。至於私人修撰的學科書目，就更有其專業性，如《經義考》就是收錄的經學著作書目，比起一般史志，常常更有參考價值。

歷史藝文志因為是史書的一部分，所以篇幅不能太多；私家書目就不受這個限制，往往可以幾十卷，甚至上百卷，像朱彝尊的《經義考》就有三百卷，雖然沒有全部完成，但仍然比現存的任何公家官修書目都要多，如《四庫全書總目》也不過是二百卷而已。私家當然不可能像政府有那麼多的人才和足夠的人力和物力來編書目，但是因為可以集中精力在某一方面，所以其價值有時也會超過歷史藝文志。

歷史藝文志收錄的書種很多，像《宋史·藝文志》就超過一萬種，《隋書·經籍志》也有好幾千種，這都不是一般私家書目所能比的上的。我寫一些私家書目的文字以後，也寫一些歷史藝文志，一樣是從宋朝開始，向上寫到唐，即《兩唐志》，向下寫到《千頃堂書目》和《清史稿·藝文志》，接著再向上寫《隋書·經籍志》以及《漢書·藝文志》。

在還沒開始進行之前，我很大膽的接下《中國歷代藝文志

考評》的書約，接了以後才發覺自己膽大妄為，不但內容牽涉到的時間、範圍很廣，最主要的是現在這方面的著作很多，尤其是大陸上近幾年新發表的論述。大陸學者的論述，如果寫成專書我們還比較容易掌握，一般而言，這些書很快就會流傳到台灣來。可是大陸上有太多學報、期刊、雜誌、報紙，不僅不易得見到原文，就連書目、論文索引所能看到的也很有限，即使有相關的索引，往往也已經失去時效；而且即使知道有其書、有其文章，可是在台灣很不容易找到這些學報和期刊。事實上，大陸各地圖書館要把這些學報、雜誌蒐全也不是很容易，而且要找人事關係去借閱，已經頗有困難，要影印，那更不容易。

<h1 style="text-align:center">三</h1>

我有一個想法，就是顧炎武說的，假定想寫一篇文字，那一定要自己的意見是古人沒有說過，才值得寫，不然的話大可不必寫。顧炎武的標準很高，尋常人衡以這標準，那所寫的只怕多是枉費紙墨。不過，相關論文既然不少，我總希望能找到這些論文，看看他們講的是些甚麼。但這些文章真正找到來看，可利用的往往也不多，因為大多數陳陳相因，真正能夠有自己見解的為數不多，而且其見解的也不一定能夠採用，特別是大陸上的學者受到意識型態影響，有些觀點是我們無法接受，而且也沒有興趣去批評。

我想我如果能夠像討論宋朝的書目一樣，向上推到《漢書·藝文志》，向下也花功夫去了解幾部比較重要的歷史藝文

志，再綜合起來寫，內容應該會好一些，可是現在騎虎難下，只好硬著頭皮寫下去。

　　真的著手進行，我又發現難處，因為我覺得我的能力只有寫一篇三、兩萬字的單篇論文字，如果要寫一本書，在組織編排方面就力不從心；雖然我也印過幾種十多萬字的書，但是內容實在也是多篇論文湊合起來的，當然寫這本《中國歷代藝文志考評》也可以一種一種的寫，再湊合起來，不過總要想辦法將全部連貫起來。

　　這幾十種歷史藝文志，寫起來，有的篇幅會很長，有的就會顯得簡短些。既然是一部書，那不但要讓字數大致接近，輕重之間的安排，也必須要多方考量。

　　這些細節該如何處理，我思考一些時間，終於想出一些方法。因為歷來論及歷史藝文志，往往認為其功用是「辨章學術，考鏡源流」，因此學術史和這方面的關係就很密切。學術史在史書中也有很多相關的記載，如紀傳中的學術論述，各書的序跋、文集和筆記中，也都有相關的資料。但歷史藝文志只是一種書目，沒有解題，只能從著錄和分類方面來表現學術源流。近年來也有些人從這方面來探討歷史藝文志，但是還不多，而且探討的方式也並不是從書目出發。所以我想以幾部書為重點，就是因其體例上有創意，可以展現出當時的學術特色。這其中《漢書·藝文志》是現存最早的一部書目，《漢書·藝文志》固然是根據《別錄》和《七略》，可是《別錄》、《七略》殘缺不全，現存的資料有限，很多問題只能依據《漢書·藝文志》來探討。

四

　　《隋書‧經籍志》雖然在《漢書‧藝文志》之後，可是對後代影響要比《漢書‧藝文志》大的多。《漢書‧藝文志》是一個開頭，很多地方實在是爲例不純，甚至無例可言，而《隋書‧經籍志》顯然嚴謹些。《隋書‧經籍志》著錄的方式是以書名爲主，接下來是卷數、著者、註解，分類是採用四部分類法，一千多年來，大多數書目還受它的影響，採用這種方法。講起《漢書‧藝文志》固然會想到其後的《隋書‧經籍志》，可是後代的書目直接受到《漢書‧藝文志》影響，卻遠不如受《隋書‧經籍志》影響，這很值得注意。

　　鑒於《漢書‧藝文志》、《隋書‧經籍志》、《兩唐志》等都是斷代成書，南宋鄭樵編《通志‧藝文略》，想把這些編成一個通代及綜合性質的目錄。鄭樵的書目即是從各個書目抄來的，有的甚至將原來沒錯的抄錯了。因爲他的分類有創見，所以頗受到後人推崇，但是有些分類也不一定就比隋唐以前書目恰當。《通志‧藝文略》也有些是他自己所見到的宋代的書，是後來很少流傳的著作，可是他沒有特別記明，所以不受人注意。鄭樵想把歷代的書綜合起來，編一部完備的通代書目，這個構想很值得我們注意。在分類上，鄭樵打破四部分類的陳法，對後來書目也很有影響。

　　《漢書‧藝文志》雖然分作六大類，但其後的書目大都是分四部，然後再分四、五十類，這樣書目分成部、類二級；鄭樵則將書目分做三級。嚴格來說，《漢書‧藝文志》、《隋書‧

經籍志》每一類下也有暗分子目，可以視作是三級，但是鄭樵特別標示出來，這一點對後代很有影響。

　　宋元之際，馬端臨編《文獻通考》，其中的〈經籍考〉是有解題的書目。馬端臨採用輯錄體，以晁公武和陳振孫的書志爲主，加上《崇文總目》。輯錄體並非馬端臨首創，高似孫的《史略》即採這種體裁，不過大體而言，不如馬端臨的完備。

　　元、明兩代是目錄學發展的中衰時期，似乎未見具有開創性的重要著作。清初朱彝尊編纂《經義考》也採用輯錄體，是直接受到馬端臨的影響。再以後如《小學考》、《許學考》，地方的藝文志如《溫州經籍志》，私家藏書目如《愛日精廬藏書志》等，私家重要藏書書目，也有不少採用輯錄體，可以說都是受到馬端臨的影響。這種體裁的特色及影響，也很值得我們注意。

　　近年中央圖書館修編《歷代藝文志總志》，收錄的範圍和方法跟鄭樵的《通志・藝文略》有一些類似之處。但《中國歷代藝文總志》著錄的每種書都注明出處，而且因爲收的書多，所以在分類也比較詳細，而且名目和內容的界定都比鄭樵精確的多，這在目錄學的體例上是非常值得注意的。

五

　　一部書目除了其中著錄的書目外，值得注意的，當然就是分類了，分類才能表現學術演變。書目的分類方式，各方討論的已經很多，但還是應當專門討論。我寫過兩篇探討分類的文字，一篇討論經部、一篇討論集部。我都是從《漢書・藝文志》

開始，講到現代編撰的《國學圖書館總目》及《歷代藝文總志》。我是想將現代的分類法與四部分類作比較，特別是現在圖書館用的十進分類法，以及近代其他的分類法。但目前相關論述還是只注重傳統的四部分類法，而且史部、子部寫起來問題要複雜麻煩得多，我覺得要談分類就要把古今演變的情形作比較分析及評論，這做起來當然是不容易，我也還沒有處理好。所以在本書中試著講些目前想到的，以後有機會再來專門討論這個問題。

除了以上述及的書目之外，還可以從古今相關的專門論著來討論。特別是鄭樵的《通志・校讎略》、章學誠的《校讎通義》，以及現代一些目錄學的著作。現代的目錄學書很多，我只能就所見到的，把重要的稍微討論一下。在目錄書的內容以外，還有一點我認為值得討論的，就是歷代藝文志在目錄上新創造的花樣，以及後人對歷史藝文志如何利用。後者是取法陳垣的《中國佛教史籍概論》，他書中論述每一書後，往往另立章節論述後人的利用，我的做法與其相比，只是學學他的樣子。

這就是歷代史志和目錄學的關係，其中當然也包含了和校勘學的關係，以及和版本學、辨偽學的關係，也會關係到現代的圖書館學。我總覺得要學以致用，學習古代的知識，主要是看在現代要怎麼運用，這一方面我是多花一些工夫。

最後我提出該如何來整理目錄學及歷史藝文志的書。現在大陸上如火如荼的從事古籍整理工作，出版的數量非常多。去年（1996）四月中央圖書館舉辦一個兩岸古籍整理的的研討會，可是就沒有人注意到目錄學方面的整理工作。實際上目錄

學著作的整理工作，已經做了很多，但是該做而未做的也還不少；這方面我提出一些個人的意見，這些想法都是我曾經想過要做，但實在不容易。這裡我把個人的想法提出來，希望大家能夠分工合作，有道之士一起來做。

史志的體例

　　史志的體例跟一般書目並沒有太大不同。正史的藝文志因為受到篇幅的限制，往往只有一卷，最多也只有八卷，所以不能夠有序錄。可是其他的書，沒有這樣的篇幅限制，像《文獻通考‧經籍考》有七十多卷，所以可以作序錄。

　　一般的史志大概可以分做幾項：序、書目和解題。第一，在藝文志前，一般有一篇全志的序，有的每一部類有序，有的在每一個部類之後有一部數和卷數的總計。其次，藝文志最主要的還是在它所著錄的書目；書目通常記載書名、卷數和著者。最後是解題，像《文獻通考經籍考》採輯錄體，就有解題。

　　全志的序，從《漢書‧藝文志》的序開始，敘述從古到西漢初年學術淵源、藏書的聚散情形，以及班固修《漢書‧藝文志》的經過。最後再論述書目的分類。其後的史志大致都採用《漢書‧藝文志》的方式，甚至是將《漢志》敘述的內容再重敘述一遍，不過大部分都簡略的多，有些地方也稍微改動一下。不過主要的內容，都是敘述當代的學術流變，藏書聚散的情形以及修志的經過。

　　以志補、補志及考志來說，多數也有一篇全志的序，可是也不一定都如此，而且有些序非作者所作，而是由別人為其書

作序，書後也往往有跋文。這些志補、補志、考志因爲都是斷代的，因此最多只敘述一代的學術源流跟圖書聚散情形，偶而也有追述前代，然大都非常簡略，而且往往陳陳相因，也就是略述前代的史志中所說的，大部分並無多大價值。當中值得特別一提的就是《文獻通考‧經籍考》，《經籍考》的總論部分，都是採輯錄體。從《漢書‧藝文志》、《隋書‧經籍志》，一直到宋代的幾種國史藝文志，材料非常豐富，整篇總論可說是從古到宋代的學術史和圖書聚散史。

　　很多學術史和目錄學史的相關著作，都是採用《文獻通考‧經籍考》的總論的資料，如陳登原的《古籍聚散考》就是。引用《文獻通考‧經籍考》總論的資料，只能算是間接引用，因爲馬端臨有些刪節，如果核對近人論著中的引文，就可知它並非採用原書，而是採用《文獻通考‧經籍考》。《四庫全書總目》採用這些間接資料而不說明的情形非常多。後人用來考志的材料，也常直接引用《文獻通考‧經籍考》。

　　《漢書‧藝文志》每一種後面都有序，通常是叫「小序」。每一類後面的序，通常是叫「總序」。但我認爲全志的序纔叫作「總序」，而部或類的序應當叫做「大序」，不過一般都稱部或類的序爲「總序」，筆者並無法改易此一俗稱。

　　從《隋書‧經籍志》以後，分部、分類就很明確，所以以後直接稱是部、類的序。《隋書‧經籍志》四部及各類的序，在開頭往往採用《漢書‧藝文志》的說法，加以刪節後，再接著往下寫到隋代。有些部類是《漢書‧藝文志》所沒有的，《隋書‧經籍志》在這一方面可以說是開創。

　　《舊唐書·經籍志》只在四部有序文，各類中並沒有序。《新唐書·藝文志》連各部的序文都沒有，這一點歐陽修要負責任。歐陽修編纂的《崇文總目》，至今還保存二十幾類有小序。因為此書殘缺不全，推想各類也應當都有序，每一部也應有篇總序纔對。

　　宋人所修的私家書目，像陳振孫《直齋書錄解題》中，九類有小序。此書亦殘缺不全，推想原書每一部類也應當都有序纔對。晁公武《郡齋讀書志》每一部之前有序，每一類看起來似乎沒有序，但實際上在許多類著錄的第一部書，除去有幾部書的解題之外，當中有些文字應是小序，筆者在另一篇文章中專門討論此一問題。到了《文獻通考·經籍考》，就從《漢書·藝文志》以降，一路抄下來，可是它並沒有發現晁公武在很多類前有類似小序的文字。

　　中央圖書館編《歷代藝文總志》，將《漢書·藝文志》以降，凡是部類有序的書目，它就一字不漏的抄錄下來。在資料上算是非常齊全，利用起來非常方便。歷史藝文志當中也還有幾種有部類的序，像焦竑的《國史經籍志》、彭國棟的《重修清史藝文志》。彭先生文章非常的好，十分難得。

　　部類的序在書目中非常重要，章學誠說目錄學的功用在「辨章學術，考鏡源流」，這功能主要是靠各部類的序，可惜史志非常少有類序，就連姚振宗《漢書藝文志條理》、《隋書經籍志考證》以及他所補後漢三國的藝文志，都沒能為各部類寫小序。他考《隋書·經籍志》，認為《隋志》每一類的序是散在序例以及各書目中。若他對於各部類的序也能像他考每一

條書目那樣的詳細，對後代的人一定更爲有用。這點希望很此後從事史志工作的人，也能在這方面花功夫。劉兆佑考《宋史‧藝文志》，他只是考證每一種書，如果能夠在考證完成後，也能對每一類和每一部寫一篇小序，詳細的論述學術源流，無論對利用的人，甚至作者自己，應當都很有用處。

　　各部類除去序外，《漢書‧藝文志》還有一總計的數目，就是有多少家、多少篇卷。但是《漢書‧藝文志》的統計很有問題，這倒並非是後代文字上傳抄的錯誤，而是《漢志》本來就有問題。特別是很多種（即後代稱爲的類）著錄的書有篇有卷，但是班固並沒有分別計算，只是說一共多少篇或是一共多少卷，這就不是很精確。姚振宗《漢書藝文志舉例》就重新核算，但是核算的結果，有些部類和《漢志》有非常大的差異；這些差異，有些地方姚振宗會指出《漢志》的錯誤，有些地方也無法說明《漢志》著錄的書目和序文爲何和論述會有這麼大的差異。顧實的《漢書藝文志講疏》在這一方面的論述就少些，而且它往往會爲現在的《漢書‧藝文志》總計的數目做彌縫的工作，這大可不必。

　　後來有些書目，在最後會有著錄數量的統計，有的書目則無。這方面如果能夠做個統計，頗有助於後人利用。目前看來，是沒有一種書目，在各類後的統計是很正確的。前代的書目我們可以說是在印刷時候文字上的舛漏，但是即使就現代的書目來說，以筆者個人編書目的經驗，著錄的書目數量實在很難算的清楚，有時明知幾次算的數目不同，算來算去往往無法得到一個精確的數目，常常也只有不了了之。算的是否精確是一回

事，如果有這數字還是很有用，因為我們從每一部、每一類的圖書增減的情形，大概可以看出學術的升沈和變化情形，單就這個數字，就可以做一比較。至於全志的總計，當然更容易有出入，因為只要是一部類數目有問題，整個統計就更有問題。

　　各種史志以及其它書目，往往在統計之外，還會有其他的花樣。例如《隋書‧經籍志》有些小字說明「梁有某書」，或是書籍「殘、闕、亡」的狀況。這些狀況的書，有些就包含在部類的統計中，有些就沒有算。《唐書‧藝文志》有「不著錄」，實際上還有「增著錄」的情況，統計時，有些是分別統計，但核算一下，往往也有錯誤。書目的計算這一點，《文獻通考‧經籍考》處理的很好。馬端臨在每一類後，從《漢書‧藝文志》、《隋書‧經籍志》到宋代的各種藝文志，哪一類、哪一種書目，有多少部、有多少卷，都抄下來，可以清楚的看出各類書籍在各代著作的數量，自己也不另做統計。

史志的著錄

敘　引

　　所謂著錄，是指著與錄，也就是將書籍資料記載在目錄中。「著」這字應讀作「住」，而不是讀作「卓」。一般說起來著錄的項目不外是書名、卷數和著者。目前很多書目再加上版本，可是歷史藝文志向來並沒有版本這一項。在重修《清史藝文志》的時候，有人主張加上版本，可是於古無據，就以現今的眼光來看，也不是十分必要。

　　編排的順序是論述著錄時，必須先討論的重要的問題。一般而言，一部書的卷數是跟著書名，但書名和著者的前後順序就不太一致。《漢書・藝文志》在這一方面本身就是「為例不純」，有的是書名在著者的前面，有的著者在書名的前面。到了《隋書・經籍志》，都是書名、卷數在前，著者在後，以一小注的方式說明。其後的《舊唐書・經籍志》和《隋書・經籍志》一樣；《新唐書・藝文志》則是將著者姓名調到書名前面，鄭樵說它「不類書而類人」[1]，並認為這種方式不可取。我們如

---

[1] 鄭樵《通志・校讎略・不類書而類人論三篇》：「古之編書，何嘗以書類人哉。人則於書之下注姓名耳。《唐志》一例削注，一例大書，遂以書類人。」（王樹民點校《通志二十略》，頁1820。北京：中華書局，1995年）

果把各種書目拿來比較看看，大部分還是書名在前的多，著者在前的少。

　　現今很多圖書編目往往採用外國人編目的辦法，是著者在書名之前。對於此一問題，我曾寫過一篇〈論書名項與著者項在書目中的地位〉[2]，從多方面討論，大意是著者項無法取代書名項在一部書中的地位，編目改以著者項為主的觀點不可取。我聽林炳真先生告訴我，他在日本時，日本人曾經把這篇文字翻譯成日文，在課堂上也討論這一問題。

　　同一部書的記載順序是如此。至於同一類中著錄各書的排列順序，一般而言，也是按照著者時代先後；不過此問題並非幾句話就能解釋清楚，下一節會專門討論這一問題。

　　史志和一般的書目，著錄的內容主要包含五項：第一是書名，第二是卷數，第三著者，第四解題，第五小注。

一、書　名

　　從《漢書·藝文志》開始，書名的體例就不明確。以「六藝略」來說，書名往往非常簡略，簡略到有些書名不完整，像第一類「周易」來說，它的開頭是《易經》，後面是傳，第一種書有個「易」字，以後的書名通通承前省略；其他各經亦大致如此。這是因為從前刻書，每一行均相接到底，開頭一「易」字能夠貫通這一類，問題不大。現在的《漢書》和書目的各種標點本，大部分是把每一種書都另起一行，而且在齊頭，這樣

2　發表於《慶祝蔣慰堂先生七十榮慶論文集》（1968年11月），收錄於《古籍整理自選集》頁127-144。（臺北：文史哲出版社，1999年）

沒有承前的形式，書名也就不完整。如果一定要每種書分行，我認爲除了領頭的書外，其餘的應當低一、二個字來排，如此方可看出是承前省略。像「詩賦略」及「數術略」以後，有些書名非常長，類似篇名，這點就更是毫無體例可言。余嘉錫《古書通例》對此提出說明，試圖通盤的爲《漢書・藝文志》彌縫缺失。[3]不過我認爲他的說明有些無法自圓其說，仍然無法解決《漢書・藝文志》「爲例不純」的情形。《隋書・經籍志》以後情況要好的多，書名都比較正式。

　　《漢書・藝文志》它的書名就不太一致。有的很簡單，甚至不成爲書名。特別像是「周易」這一類，第一個是易，以後十幾種書都沒有易這一個字，都是成群省略。這在從前印書的方法，一類行行到底接著排，還不太會發生問題。至於近代採用比較新式的排法，把每一種書都另題一行，可是它的第一個字都是在一條線上，第一條以後的每一條，根本就無法看出是書名。如果一定要另行起排，至少要低一、二個字，這樣看起來才稍微清楚一些。

　　《漢書・藝文志》是依據《七略》，《七略》是從《別錄》得來。《別錄》跟《七略》都有解題文字。現在所存的《別錄》序錄，每一種書都有幾百個字，《七略》是少了一些。按照卷數來說，《別錄》和《七略》的比例是三比一，依此推估，《七

---

3 余嘉錫《古書通例》卷一、〈案著錄第一・古書書名之研究〉論述《漢志》中的書名，其名書之例有五：一曰官書命名。二曰古書多摘首句二字以題篇，書只有一篇者，即以篇名爲書名。三曰古書多無大題，後世乃以人名其書。四曰《漢志》於不知作者之書，乃別爲之名。五曰自撰書名。頁28-38。（臺北：臺灣古籍出版社，2003年）

略》的每一條敘錄應當也有一百多字,至少幾十個字,所以《七略》一也定是每一種書都單獨成為一條,勢必不能如《漢書‧藝文志》般的成群省略。

　　《隋書‧經籍志》的書名就完善許多,雖然,余嘉錫《古書通例》認為,當時流傳的書籍,書名並不一定那樣的簡短,《隋書‧經籍志》應該是更改了部分書名,而且更改的和原書名的意思並不盡相符合。[4]但是至少在形式上整齊畫一。書名一般說起來不會太長,也不至於太短,如果我們把每一個朝代書名字數多少,大致作一個統計,也可以算是一個小的研究報告,對了解歷代書目著錄的情形,多少也有一點幫助。

　　唐代以後的圖書慢慢定型,所以在書名的問題就不大,但也有些例外的情況,例如《新唐書‧藝文志》中開元以前部分的書籍和《舊唐書‧經籍志》的著錄是重複的,可是有些書名並不一樣。

　　一般而言,史志是根據官錄輾轉著錄,所以著錄的書名和原書名往往不一致,如《宋史‧藝文志》的書名,和晁公武、陳振孫兩家書目相較,同一部書的書名往往並不相同。大致而言,晁、陳兩家根據他們所收藏的書來記錄書名,應當是比較接近原來的書名。《宋史‧藝文志》因為經過幾次抄錄,著錄的書名和原書名就會有所差異。這一種情形不一定只發生在史

---

4 余嘉錫《古書通例》卷一、〈案著錄第一‧漢志著錄之書名異同及別本單行〉舉出《漢志》與《七略》書名不同的四種情況,分別是:一曰《七略》之書名,為班固所改題。二曰《別錄》書有數名者,《漢志》只著其一。三曰劉、班於一人所著,同為一家之學,則為之定著同一之書名。四曰今所傳古書之名,有為漢以後人所改題,故與《漢志》參差不合。頁38-46。

志，一般的書目往往也是如此。像《經義考》抄了很多書目，一般而言，史志中有的書，朱彝尊就會根據史志，但是如果將其著錄的書名細加核對，往往還是有所不同。同樣的情況，還有陸心源的《皕宋樓藏書目》，陸氏的藏書賣到日本，日本人編了《靜嘉堂祕籍志》，但核對這兩部書目，書名也往往不同。因此推測《靜嘉堂祕籍志》是根據原書，而《皕宋樓藏書志》則以其他書目為基礎增訂，對原來的書名並不太注意。

至於各種補志中的書名，因為根據的資料來源不一，書名著錄的情形也就更為複雜。所以書名好像非常簡單，事實上如果仔細的討論，還是有些文章可以做。如果我們讀一讀姚振宗的《隋書經籍志考證》，就會發現，每一種書所引用十幾種，甚至幾十種資料，這些書名往往或多或少都有出入。

二、卷　數

最早的書都是以「篇」為單位。另一說法是：凡寫在竹簡上的書是分篇，因為篇字是從竹；寫在帛上、紙上的書，因為是捲起來的，所以分卷。事實上此問題並非如此單純，在前面《漢書·藝文志》部分已經討論過這問題。《漢書·藝文志》計數單位，有篇、有卷，甚至還有其他的單位，不過數量很少，可以暫存而不論。但整體而言，《漢書·藝文志》記載的情形很複雜，《隋書·經籍志》就比較單純，大致而言，都是以卷數記錄為主。以後的書目往往都以卷為計數單位，可是也還有些例外之處，例如《宋史·藝文志》中的「刑法類」，往往有以冊為單位的情形。不過這種情形也非常少見，可存而不論。

　　一般而言，篇數在早期是內容的計數單位，至今還是如此。不管是文章、是詩，往往都以篇當作計數的單位。而卷則大部分是載體單位，跟書的內容多少並沒有直接的關係，這從《隋書·經籍志》以後，就是如此。一卷裡面可以有很多篇文章、很多首詩；有的文章或詩太長的也可以分做好幾卷。像《漢書》，因為後來的刊本加上注釋文字，內容比原本增加許多，所以一卷往往再分為子卷，這種情況，就是內容的單位已經超越了載體的單位。

　　一般而言，卷數只是一個數目字，並不太複雜。尤其是歷史藝文志的篇幅不大，大家也不會去計較這部書的卷數有甚麼出入。只有像《隋書·經籍志》因為記載前朝的書籍情況，例如除去記隋代這個書有多少卷，往往也還記錄梁代這本書有多少卷，或是記錄另外一個本子有多少卷，對於卷數的記錄比較詳細。後來的藝文志也有參考《隋志》的方式的，如《宋史·藝文志》對各書卷數有不同的地方，也都會記載。馬端臨的《文獻通考·經籍考》因為是採用很多家書目的資料，卷數的不同，自須有所說明。不過馬端臨在這一方面也沒有處理得很詳盡，像晁公武、陳振孫以及其他書目著錄的卷數有不一樣的地方，往往就只採用一家所記，大多數是採用晁公武《郡齋讀書志》中的資料，如果其他書目和晁公武的不同，他常常就置之不管，記錄出來的，反而只是少數。

　　古代卷數和書本的內容有密切關係，所以跟著書名走，而不像現代圖書編目把冊數當作所謂集合項。試舉一個大家非常容易了解的例子，如《紅樓夢》和《水滸傳》，卷數的差異往

往也就牽涉到內容的差異，所以我們說多少卷本，並不是分冊的差異，也不只是版本的不同，往往也牽涉到內容。所以古代的書目，卷數往往隨著書名，冊數才是現代所謂的集合項。

　　一部書的卷數還比較簡單，雖然有些問題，然大致還是少數。至於同一部、同一類的卷數，就顯得很複雜。

　　書並不是都有卷數，有的書是不分卷，或者不知道卷數，這些情況，在統計時候，都應當加以說明。書目中每一類著錄多少部書，總計有多少卷，其中有幾部書是不分卷的，這些都應該說明，在不分卷的書和只有一卷的書當中，還有一點模糊地帶，一般而言，如果書的分量不多，可以說是一卷；分量大一些，原書沒有分卷，現在編目往往就記作不分卷。但究竟多少分量，才是一卷，這當中也沒有明確的界線。像中央圖書館善本書的編目規則，不分卷的書和只有一卷的書就沒有區別；也就是說分量比較少的書，究竟原來是因為分量不多，所以不分卷，還是有其他的情況，記得不夠清楚。

三、著　者

　　著者姓名看似很簡單，但實際上也不一定如此。古人往往有好幾個名字，再加上字號、別號和諡號等，情況比現在複雜許多。

　　有時候在一部書目中，會有同一部著作，因著者題不同的姓名或字號，而在兩處著錄的情形，也就是說重複著錄。書目中，因著者有兩個名字，而將同一部著作重複著錄，實有所見；至於因為字號的關係，而複出的情況就更常見。

　　著者項，除了姓名的問題之外，還有時代及年代先後的問題。西洋的書目，在著者姓名之後，都有加注生卒年，這對於作者的先後排起來非常方便。可是我們中國古人的生卒年能夠查出的很少。縱使有很多著作的人，他們的生卒年往往會有相當多的出入，有的根本就不知道他的生卒年。一般都只是記朝代，記朝代籠統一點，但稍微可以解決生卒年不詳的問題。

　　可是以朝代為次繫著者先後也有問題。有些朝代的時間很長，像兩漢各約有兩百年，唐朝將近三百年，兩宋各約一百六十多年。明、清兩朝各約三百年。那麼雖是同一個朝代，初期出生的人和這個朝代晚期的人，往往要差上好幾世，甚至十世，這是非常不精確。這還只是問題之一，通常我們稱一個人是哪個朝代，往往是採用《春秋》大義的說法，也就是依據一個人出生的朝代，如果改朝換代，那經歷兩個朝代的人，如果接受新的朝代的任官，即使就在新朝廷建立那年死去，他就算是後一個朝代的人。如果前一朝代覆時候他還很年輕，那他大部分生活、求學、著書立說等活動必然都是在新建立的朝代進行，但是如果他始終反對新朝廷，我們通常就算他是前一個朝代的人，像晚明的顧炎武就是如此。但在這當中就會發生問題。像《說文解字》，在宋代就有大徐本和小徐本。大徐徐鍇是哥哥，他在宋朝做過官，我們說他是宋人。小徐徐鉉是弟弟，在宋朝建立以後，始終沒有在宋朝為官，因此算是南唐人，南唐是屬於五代時期，就發生弟弟的朝代在兄長之前的問題。這個問題還不算是太大，南唐只是一個割據政權，不算是正統的朝代；但類似的情形，以鄭成功父子為例，就明顯看出其中的

不合情理之處。鄭成功始終是反對清朝，他死的時候雖然在清康熙年間，我們只能算他是南明人，如果把他歸爲清朝人，不但鄭成功在地下不會服氣，一般對歷史有概念的人也會覺得這樣的歸法不公道；可是鄭芝龍投降了清朝，只能算是清朝人。不過還好鄭成功既沒有甚麼著作，鄭芝龍更沒有著作流傳下來，所以在編目上，不會遇到這問題。我舉這個例子在說明以朝代來定著者的先後順序，當中會有很大的出入，非常不精確。希望學術工作者能對前人的生卒年加以考訂，得一一個比較精確的數字，如此我們就可以採用西洋的辦法，在每個人後面加注生卒年。

四、小　注

自《漢書‧藝文志》開始，許多書目都有小注，《漢書‧藝文志》的小注是班固自己的說明，跟顏師古的注不同。班固的注文，有些是引用《別錄》和《七略》，有些則應屬於書目本身的一部分，特別是關於篇卷及著者，而班固則當作注文，且體例也並不一致。特別是著者姓名一項，班固有些是寫在書目本身，有的則寫在小注裡面。《漢書‧藝文志》之後，如《隋志》、《兩唐志》、《宋志》在書目本身之外，都有些小注，只是不像《漢書‧藝文志》那麼多。到了《明史‧藝文志》及《清史稿‧藝文志》，就幾乎沒有小注。

小注的內容，大致亦和書目互相配合。若是書名本身的問題不大，那麼小注關於書名的部分也就很有限。小注的內容關於卷數的也不多，最主要的還是與著者相關的問題。

　　書目本身，著者除了姓名之外，前面有一時代，後面是所謂的著述性質，即「撰」或是「編」等字。事實上在史志裡面，不管是著者自己的論述，或是編輯的內容，亦或是註解，往往都是用「撰」字。所以在這一方面可以做的並不是很多，所以小注的內容以著者生平的內容相關的敘述較多，在《唐書‧藝文志》中的小注，有的甚至像是一篇小傳，多至上百個字，不過這種情形非常少見。

　　小注用來說明書的性質，如書的來源，書的真偽等問題，這類的問題用注文非常合適，而且非常有用。《隋書‧經籍志》以後，小注都不如《漢書‧藝文志》多，編輯書目的人未能繼承《漢志》的做法，這是非常可惜的事。編輯書目的人如果能夠充分利用小注，論述雖然簡短，對後來查閱的人卻頗有幫助。

五、解　題

　　一般史志受到篇幅的限制，都沒有解題。有些人把小注當作解題，筆者認為這二者的性質仍有不同。其分別倒並非是小注的字較少，而解題的字數較多，因為有的解題也很簡單，如《直齋書錄解題》的解題有些就很簡短，最少的解題只有十幾二十個字。小注像前所說的《新唐書‧藝文志》，也有長達幾百個字。筆者認為小注不一定每種書都有，而解題原則上每一種書都應該要有，像《千頃堂書目》書目下的文字，一般說來字數頗多，但主要是介紹作者生平，所以我認為那不應當稱為解題。

　　史志有解題的書目，可以分為幾種情形：一是《文獻通考‧

經籍考》這一系統，採用輯錄體，主要是抄錄《崇文總目》、晁公武、陳振孫，及宋代《國史藝文志》的一些解題文字，再加上一些序跋。這也許是個特例，可是後來補志及考志，往往都採用輯錄體，像姚振宗的補後漢、補三國藝文志都是，《漢書藝文志條例》、《隋書經籍志考證》也都是採用輯錄體，有非常詳盡的解題。其他各家補志、考志，也大都是如此。

六、類　目

　　類目就是分類。從《漢書・藝文志》開始，不論哪一種歷史藝文志，以及補志、考志，都將書籍分類著錄。事實上中國的書目，絕大多數是分類的。所以一部書目分類的類目，也就非常重要。歷史藝文志對其他書目居於指導的地位，其他的書目往往都參考史志，史志有時亦參考其他書目，如《漢書・藝文志》參考《七略》的分類，《隋書・經籍志》是參考《七錄》的分類，故可說是互相影響。

　　正史藝文志在全志的序文末，往往會說明全志分成幾部，隋以後多數當然是分經、史、子、集四部。在每一部中亦會說明分作哪幾類。後人的補志，往往也會將類目作一說明。就此而言，記載類目可以說是歷史藝文志的體例之一，而且也很重要，影響非常大。

　　藝文志的序文中敘述的類目，和實際上書目所分的類目有時會有不同，如《文獻通考・經籍考》實際的類目和序文所敘述就不太一致，這也是討論分類時，必須注意之處。又如《新唐書・藝文志》及《文獻通考・經籍考》，在大類下有時會再

分子目，或者有附錄，可是在序文中交代的往往不甚清楚，討論書目分類時，這一方面須特別留意。

著者的問題

　　中央圖書館編訂的「中文書編目規則」，依據著述的性質不同，分作好幾十類，最多的是撰；撰是作者表達其觀點，自己用文字寫出來，其中原著的成分最多。再來是編、註解、翻譯、作樂譜、畫圖畫，樣式花樣非常繁多。

　　傳統史志方面對這些論著的記載都非常簡單，大部分都只用一「撰」字，非常籠統。一般說來，史志也罷，一般書目也罷，往往都是如此，先是著者的朝代、著者的姓名，再下是卷數及性質。在這裡有時會有問題，例如南朝梁有一個人叫宗懍，他著《荊楚歲時記》，在大通書局出版的《四庫總目索引》裡面，就查不到「宗懍」這個人，可是在梁姓下可以查到「梁宗懍」，大概是因為姓宗的人不多，姓梁的比較普遍，所以就把他歸在姓梁之下。還有一部書的著者是叫「曾異撰」，大概是人名字當中用「撰」字的非常少見，在《四庫全書總目》裡面清清楚楚記載是「曾異撰」撰，可是大通書局的著者索引就把著者誤作是「曾異」。這一類情形還很多，像元朝有本關於《禮記》的書，作者是「吳澄」，原書寫吳澄學，因為學這個字用在著述的區別中，現在已經很少見，所以有一個研究機構

它收藏這部書，它就把這部書的著者記成「吳澄學」。著者姓名中，有很多會發生這一類的問題，而歷史藝文志常常根據其他書目修纂，陳陳相因，更容易發生類似的問題。

著錄的順序問題

　　一般書目著錄的順序，在同一類中，往往都是按著者年代的先後；而著者時代，一般是按照《春秋》大義的朝代歸法，而不是按照著者的生卒先後；這樣就會發生著者順序顛倒的情形。例如明末清初時，錢謙益無論居官爲學，或是談論詩文，都已經非常有地位，年壽也很高。可是他的弟子瞿式耜，雖然年紀較輕，但始終沒有投降清朝，一般說來，按照《春秋》大義的算法，瞿式耜始終認同明朝，只能算是明朝人，這就發生時代顛倒的問題。

　　黃虞稷看到這個問題，所以他想出一個辦法，就是按照他登科年代先後來排列。《千頃堂書目》別集類收入的著作，特別是明朝人的別集，就是按照登科時間先後排列。當然有人少年得志，在十幾歲就中了舉人或是進士，有人懷才不遇，到了五、六十歲才勉強考上；這兩人如果是在同一科，年齡就會有四、五十歲的差距，比一世代還多。即使年歲高的人先登第，較年輕者晚幾科登第，而實際年齡跟他們的登科前後還是有出入。一般說來，科舉時代一個人登第前後，在社會和學術各方面的活動，是有一些區別，在不能確定著者生卒年時，黃虞稷用的也不失爲好方法，所以像《四庫全書總目》收錄的書目，

往往也採用這種方法。可是這也只限於別集類收錄的著作，至於其他類的書往往收錄不多，編纂書目的人也未必會去查作者的登科年，再來排列先後順序。

　　這個問題到現在就更爲複雜，特別像在曾棗莊主編，成都巴蜀書社出版的《全宋文》。宋代三百年當中，著者有好幾千人。平均在同一年就有十多人，這個時代先後要排起來更困難。所以他們想了一些方法，如果能夠查作者的出生卒年最好，不知道生年，只知道卒年，一般假定作者活五十歲；假定生卒年都不知道，只知道其登科年，就推算他是二十歲登科。不知道其登科之年，只知道他作官的年代，就推算他多少歲。如果找不作者的相關記載，只知道其父親的生卒年，就推算作者較其父親小三十歲；如只知道他兄長的生年，就推算他年幼兄長十歲。採用這些推定的方法，再參考其他的方法，我覺得也不失爲沒有辦法中的辦法。

　　我有一個想法，是不是可以依據作者，採用上述的辦法，把各種書目、史傳、文集、總集的著者排出先後順序，以後無論是編甚麼《全宋文》、《全宋詩》，編甚麼書目，需要這些人的時代先後順序，都可以作爲參考。資料匯集慢慢多了，也可以修正這些考訂和推斷不夠精確的地方，長年累月的進行，就可以得到一個適當的順序。

　　我說的順序還不僅只用於文集，是可以適用於所有類別，以歷史藝文志來說，同一類裡面，往往再按分子目。如姚振宗對《漢書藝文志》、《隋書經籍志》的每一類，都再分析爲幾個，甚至十幾個，多到幾十個子目，同一個子目，他再按年代

分先後。像地理書，他往往會按地域來排列，之後再依年代先後。

　　不但同一類順序在分類表上類目有部次先後，類次先後也很有關係，不過這是分類的問題，不在此處討論。

　　現在有些處理資料的方法，在同一類裡面，往往會按照書名或是篇名的字順，通常都是按照筆畫多少來排列。我覺得如果在圖書分類上用字順的方法來排列先後的話，應當先排列著者。按照著者姓名筆畫多少排列起來，有一個好處，同一個著者在各個類別裡的不同著作都可以集中在一起。而書名往往都能夠表示這本書在哪一類裡面，即使沒有書名索引，找起來也非常方便。特別像是易類的書多有周易、易這字，書類的著作開頭往往都有書這個字，所以書名字順索引就遠不如著者字順索引方便。

史志與其他書目的關係

歷史藝文志是書目的一種，和其他的書目都習習相關，雖然書目是根據官目編成，可是也會影響到其他的書目。

一、史志與史志的關係

史志的範圍包括較廣，特別是志補、補志、考志。

1、與本志的關系

以《漢書‧藝文志》爲例，和本志的關係有什麼可以探討的呢？這可以從互著、別裁等方法談起，我們討論到互著、別裁這些著錄的體例，是因爲有些書在不同的類別出現，才引起章學誠的注意和討論。《漢書‧藝文志》之後，如《宋史‧藝文志》中，各類重複出現的書，有好幾百種，有的並不一定算是重複出現，如《郡齋讀書志》一書，同時出現在傳記跟目錄兩類，可是一個是四卷本，一個是二十卷，我們知道一個是袁州本，一個是衢州本，這種實在並不能算是重出。可是同樣是書目，分在不同的類別，那分類就有問題；因爲這兩種書目，內容非常接近，只是袁州本比較早一些，衢州本比較晚一些，都是目錄類的書。大概是因爲《郡齋讀書志》每一種書對著者

的生平多少有一點介紹，編目的人看到各書前解題的小傳部分，就把它分在傳記類。類似的情況在書目中常見，這並不需要參考其他的書目，就本志的著錄來討論就有問題。

再如像《漢書‧藝文志》中提到用《古文易經》作爲校讎的資料，可是《漢書藝文志》並沒有著錄《古文易經》，這是班固的遺漏，就本志的前後之間考察，就可以發現這些問題。

2、與志補、補志的關係

要補充《漢書‧藝文志》的不足，在《漢書‧藝文志》的序中記載的書就可以找到相關的資料。如要訂補某個朝代的歷史藝文志，首先對原志要有相當的了解，能夠掌握住原書的內容和精神，才比較不會有所遺漏。例如王應麟的《漢藝文志考證》，增補了《漢書‧藝文志》所未收錄的二十幾種書，《四庫全書總目》說他撈過界。不過他實在是開志補先路的人。但他所增補的，有些是《漢書‧藝文志》已經著錄了，有些只可以視作是《漢書‧藝文志》著錄的書目中的部分篇章，裁篇別出，不應當再拿來補上。這就是王應麟對《漢書‧藝文志》並沒有能夠充分掌握而產生的缺點。

至於補志，往往是用後來的史志來訂補前面的史志。例如《隋書‧經籍志》記錄了很多後漢三國兩晉南北朝的著作，所以後來補作這些朝代藝文志的人，往往都會採用《隋書‧經籍志》。但因其取材《隋書‧經籍志》，所以這些後漢到南北朝這些朝代的補志，不太受人重視。但如《舊唐書‧經籍志》裡收了一些南北朝至隋代流傳的書，這些書未見於《隋書‧經籍

志》，到了唐代，這本書出現了，它著錄在《古今書錄》中，於是乎《舊唐書‧經籍志》據以著錄，因此我們可以利用《舊唐書‧經籍志》可以拿來補《隋書‧經籍志》。《新唐書‧藝文志》雖然著錄了唐代開元以後的著作，可是對於開元以前的著作，仍有些是《舊唐書‧經籍志》未著錄，而在開元以後的書目才出現，很可以拿來補《新唐書‧藝文志》；這還包含開元以後史傳及其他的資料中出現的開元以前的著作，如《宋史‧藝文志》中，還有宋代的一些書目裡面，都可以找到一些唐人的著作，可以補充《新唐書‧藝文志》。補《遼金元藝文志》的人，也可以從《宋史‧藝文志》中找到一些相關的資料，這是因爲修《宋史‧藝文志》的人，把這些人當作宋代人，所以《宋史‧藝文志》記載。因此，無論是志補、補志，往往都須要利用到相關朝代的史志。

二、考　志

考志，比補志更須要利用史志。你考那一個朝代的史志，固然要以那一個朝代的史志作綱領，才能一部書一部書的去補，就是在它之前之後的其他朝代的那些史志，有關於這一部書著錄的情形，都可以用來作爲參考資料。例如姚振宗的《隋書經籍志考證》，就參考上到《漢書‧藝文志》，下至《四庫全書總目四部答問》。這上下兩千年中間的一些史志，關於《隋書‧經籍志》裡面那一部書著錄的情形。從這裡可以看出歷史藝文志跟史志的關係，是非常的密切。

三、官　錄

　　所謂官錄，主要是中央政府圖書館裡面收藏圖書的目錄，這從《漢書·藝文志》開始，《漢書·藝文志》根據《七略》，《七略》根據《別錄》，這兩種書目都是官錄，其後的《隋書·經籍志》也是根據官錄，《兩唐志》、《宋志》亦是如此。歷史藝文志大都是根據官錄來修成史志，但是在明代和清代並沒有可靠的官錄，明代雖然有《文淵閣書目》這個藏書目錄，可是都非常簡陋，不足爲據，清代也是如此，沒有官錄可據，要修纂歷史藝文志只好另起爐灶。

四、私家藏書目錄

　　《漢書·藝文志》固然是根據《別錄》、《七略》，可是就現今所存下的幾篇序錄，可以看出它在當初校書的時候，也採用了一些陳宮的藏書（陳某書、陳某書），這些算起來都是私家藏書，不過記載在官錄裡面，也就作爲官錄。班固修《漢書·藝文志》，在《七略》以外，也還增加了一些書，這些書是班固所見到的，也有可能是根據一些秘府藏書來記載，可是也未嘗不可說是根據他的私人收藏，或者他看到的別人的收藏所記載的。所以從《漢書藝文志》開始，史志和私家藏書就有關係。

　　《隋書·經籍志》，小注裡面說「梁有某書」，通常都說是根據《七錄》，雖然有人認爲不一定只根據《七錄》，也根據其他的書目，可是至少《七錄》是它所根據的重要的目錄。

而《七錄》就是根據私家藏書和官府藏書編撰而成的綜合書目。

　　《新唐書·藝文志》和《宋史·藝文志》，分別收錄了一些唐末跟宋末的著作，這些著作不一定都是根據內府，而很有可能是根據私家藏書。

　　《明史·藝文志》和《清史稿·藝文志》根據資料的來源很多，當中一定會有一些私家目錄。

　　至於志補跟補志，它一定要根據許多私家書目來著錄，例如《文獻通考·經籍考》固然也根據《崇文總目》、宋代的國史藝文志；可是主要的還是根據晁公武、陳振孫兩個私家藏書的目錄。

　　鄭樵的《通志·藝文略》跟焦竑的《國史經籍志》是抄了很多書目，當中固然有史志，有官錄，一定也有好些私家藏書。私家藏書有時也根據史志所著錄的書目來找書，之後無論是著錄，或是分類，也往往會參考史志。這是因為史志收錄的書種多，一般私家藏書很難收錄到那樣的數量，所以史志成為編目分類時候非常重要的依據。

五、學科書目

　　因為史志都是按照分類排列，所以同一類的書，往往也是同一個學科，所以在編學科書目的時候，基本上就可以用史志作為基礎，再增加史志所沒有收錄的部分。一般而言，學科書目的編纂者對這方面都非常專精，遠勝過史志的編纂者對各類圖書兼容並收，但對每一個學科卻又無法仔細照顧到，所以從事補志、志補和考志的人，往往都需要參考學科書目，這兩項

可說是相輔相成。

六、郡邑書目

郡邑書目也算是一種歷史藝文志，不過只是地區性的書目。假定把全國的郡邑書目合在一起，就是一個全國性的歷史藝文志。本書所討論的歷史藝文志，是排除地方性書目。但是郡邑書目的編撰者，往往都會參考歷史藝文志，因爲收在歷史藝文志裡面的著述都經過篩選，非常有價值，所以編郡邑藝文志一定先注意到這類資料。

可是郡邑文志往往也會踵事增華。國史藝文志收錄著作的標準很高，要求也比較嚴格，而地方性的郡邑藝文志就不一定，雖然在量方面無法相提並論，但卻可以收錄的較多樣。而且一些好的郡邑藝文志的編撰者頗有史才，如像孫詒讓及其《溫州經籍志》即是，在書目的著作中評價很高。我們如果從事志補、補志、考志的工作，也可以拿相關的郡邑藝文志來作參考，姚振宗的《隋書經籍志考證》就引用這些郡邑藝文志。

七、著述考

著述考是個人的著作目錄。歷史除去時間、地域等因素以外，人也是很重要，但是本書講歷史藝文志，所以也須排除了個人著作的著述考。如果我們要編一個人的著述考，基本上也可以先查各種史志裡關於這個人的著作情形，因爲有經過篩選，所以會有比較高的價值。專門編纂一個人的著作目錄，往往要花很多工夫去收集，雖然是珠砂並陳，可是因爲收錄的書

多，如果編纂的人有辨別的眼光，能夠分出高下，那麼也可以用來作爲補志、考志時候的依據。

　　歷史藝文志它跟其他書目都有很密切的關係，彼此之間相輔相成。

史志與校讎學的關係

一、淵　源

　　第一部史志是《漢書‧藝文志》，《漢書‧藝文志》是根據《別錄》、《七略》。而《別錄》、《七略》的編成就是因為校書天祿閣，整理校讎西漢後期皇家圖書館的藏書。劉向為每一種書寫序錄，編成《別錄》，劉歆再將《別錄》分類刪節成為《七略》，班固再刪節成為《漢書‧藝文志》。《隋書‧經籍志》以後的史志，往往都以《漢書‧藝文志》、《隋書‧經籍志》為範本，漸漸再加上補志、考志成書，整體而言，可說是從校讎學裡出來的。

　　史志和校讎的關係大概如此。劉向當年整理皇家圖書館的藏書，籠統的稱之為校讎，實際上在這裡已有很多須要分工的地方，現在說起來都已經另成為專門的學術。如他要為每本書寫提要，編成書目。寫提要和分類書目，後來就發展成為圖書分類和編目分類的工作。現在圖書館界一般說是分類編目，我覺得在順序上應當是編目在前，分類在後。我剛到中央圖書館工作，就是分在中文編目組。我拿到一部書，一定先寫草卡，記載書名、卷數、著者、稽核項、互著項，這些都屬於編目的工作。等到編目編好了以後，才來看書的內容，歸入某一個分

類。而這個工作單位叫作編目組，相關工作通通叫作編目工作。分類是編目過程中的一個步驟，而《別錄》和《七略》整個過程實在就是一個編目分類的工作。除了分類編目外，因爲當時的書是寫在竹片、木片上爲主，有的已經散亂了，需要加以整理，有的是錯簡，有的是脫簡，所以它要經過一翻文字校勘整理的工作。而校勘學到了後來也發展成爲一門獨立的學術。

在劉向所寫的序錄裡面，還有一些辨僞的資料，討論到古書的真僞，在班固《漢書・藝文志》的小注中也還保留一些辨僞的文字。而辨僞學現在也獨立發展成一門學科。

再就是學術史。章學誠說目錄學的功用主要在「辨彰學術，考鏡源流」。嚴格說起來，目錄學本身的基本任務主要還是編目分類。因爲透過分類能夠表現這一代的學術，所以在討論學術史，圖書目錄，尤其是歷代藝文志，是很重要的資料。但並非是唯一的資料，甚於不能說是學術史中怎麼樣重要的資料。就拿《漢書》來說，〈儒林傳〉是在學術上有成就的人的傳記，那是非常重要的學術史資料。甚至於本紀、書志也都有學術方面的記載。書志是專門的歷史，要討論這些專門的歷史，一定離不開書志。而藝文志不過是書志的一部分而已。如果要討論一時代的禮樂制度，或是經濟制度，那些書志都非常重要，所以學術史、史志和校讎是有密切關係。

編目、校勘、辨僞和學術史，都跟校讎學有關係。劉向說的校讎包含了這幾項內容，這些後來都變成了專門的學術，但

每一種學術中也都有校讎的成分。可以說這五者之間，有扯不清的關係，而籠統的說起來都是校讎。這些學術分別發展，範圍也就並不完全是校讎所能夠概括，但還是有密切的淵源。

二、編　目

編目就是要把圖書作一個簡單的記錄，主要是書名、卷數、著者。其他不能夠概括在這三項裡，或是記載不完備，不夠清楚的，就可以用小注來處理；小注再不夠，那就有解題。

我們在編目的時候，大概都須要參考史志。如補志、考志或編纂官錄，像現在中央圖書館的藏書目錄及其他一些公家單位的藏書目錄，或是編私人的藏書目錄，都須要參考史志。因為史志著錄的書多，而且當時編纂的都是著名的學者，或者經過他們校訂，一般說起來往往都比較精確、可靠。縱使有些錯誤或是些疏漏之處，經過後人的考證、補充之後，一定完備許多。所以無論在哪一方面的著錄，甚至於寫提要，都要依據史志。像《文獻通考・經籍考》中摘錄了很多的公、私藏書的一些解題書目。修《四庫全書》時，各書的提要和編成總目，就經常會引用《文獻通考經籍考》以及其他的史志。私家藏書也是如此，私人往往沒有那麼多的人力、工夫，因此史志也是修纂藏書志主要的參考。

三、分　類

史志的分類往往參考了很多種的書目，包括前代的史志及

其他書志，以至於私家藏書的書目資料，據以增刪、改動，然後折衷之。所以我們要編一種書目，在訂定分類的時候，雖然不能夠完全依照史志來編，因爲時代不同，圖書分類情形也不一樣，但是我們總可以拿來作參考，再加以增損調整，使其適合我們的需要。尤其是有些書已經亡佚了，我們如果要著錄並且將其分類的話，因爲根本就無從了解這書的內容，只能參考史志。

四、辨　僞

僞書來源很久，內容也非常複雜。史志從《漢書・藝文志》開始，在小注裡就有一些辨僞的資料，後代的史志，在注釋裡辨僞的文字就不像《漢書・藝文志》那麼多，只有《文獻通考・經籍考》是個例外，因爲馬端臨抄錄了許多重要的解題書目，其中辨僞資料非常多，可說是辨僞的重要書目。

明代胡應麟的《四部正譌》中，特別提到史志對辨僞的重要，民初的梁啓超、張心澂都很重視史志裡面辨僞的資料，往往當作考辨古籍的重要依據。

五、輯　佚

中國歷代著作的數量非常多，可是亡佚的也不少，因此有輯佚的工作。要從事輯佚工作，首先要知道有哪些佚書可輯，而這最主要的依據就是史志。我想有些從事輯佚的人，應該是先找《漢書・藝文志》、《隋書・經籍志》，以及《兩唐志》、《宋志》等書目，看看書的流傳情形，假如這書在書目中是還

存在的，那存在的時候，還會有一些佚文可輯。如果這書是亡佚的，那就可以當作是主要輯佚的對象，然後再去找一些古書的註解、類書中面關於這部書的資料。

　　古書的書名往往並不是很固定，前人引用古書，也會有增減書名，甚至改動的情形發生；要想確定這個書名，史志是一個非常重要的參考資料。這是歷史藝文志對輯佚的用途和從事輯佚工作要如何利用史志。

　　輯佚的工作對於補志、考志也非常重要。輯佚的人往往可以知道一些史志所沒有著錄的書，而這些書、佚文，被書志、類書等其他的資料所引用，這些書就可以用來作為志補的資料。如果某一個朝代沒有藝文志，我們要來補志的話，這一方面的資料就非常有用。從事輯佚的人雖然他所輯的佚文不多，但是他對輯存的每一部書往往會寫一個說明。（那也不能說是提要，因為有的佚文只有三兩條，幾十個字，可是他的說明往往有幾百個字，要比原文還多，稱之為說明較為適當。）因為從事輯佚的工作，他對這個書有相當的認識，所以他寫的說明一般也相當費工夫，大部分會參考和引用史志來加以說明。考志的人有些用輯錄體，往往就會抄一些輯佚的說明，例如姚振宗的《隋書經籍志考證》裡面就引用很多像馬國翰《玉函山房輯佚書》的各篇說明。我推想馬國翰所輯的佚書，《隋書·經籍志》裡面有的，姚振宗大概都已經抄錄了。

六、學術史

　　在前面講過，歷史藝文志和學術史的關係非常密切，歷史

藝文志雖然不能夠充當學術史，學術史也並不完全靠歷史藝文志，可是彼此之間的關係還是非常密切。某一個時代的學術，往往可以從歷史藝文志裡面反映出來。某一方面的學術著作，在前一部史志裡面都沒有這一類書，或只是少數幾種剛剛出現，可是等到後一部史志相關著作的數量多了起來，後來又變少了，那我們就可以知道這一門學術的發展情形。特別像是讖緯這一類的書，《漢書·藝文志》數術略裡只有一些，等到《隋書·經籍志》裡面就收錄很多，以致於可以單獨成為一類，再到《舊唐書·經籍志》，讖緯的書剩下的又很少，雖然也還維持一類，可是它著錄的書已經遠不如《隋書·經籍志》那麼多。所以我們可以大概知道《隋書·經籍志》這些讖緯的書，大致都是從後漢、三國、兩晉、南北朝時候留下來的，據此可以大概知道讖緯學發展的情形。

再例如一些族譜、家譜，《漢書·藝文志》裡面還沒有，等到在《隋書·經籍志》裡面就非常多，甚至出現些個人的傳。可是到了《兩唐志》裡面又少了，據此也可以看出這個時代的社會情形。因為在六朝的時候最講究門第，所謂「舊時王謝堂前燕，飛入尋常百姓家」。有時候門第勢力的影響，甚至於超過政府的力量。

到了唐朝，因為李氏是以回族入主中原，如果要講起門第來，可以說很低很低，所以在唐代禁止講門第，因此家譜就不像在六朝時代那麼重要，所以唐代家譜方面的書就很少。這不但是表現了學術的流變，而且還反應出社會的變遷情形。

寫學術史的人，大概最多會利用到正史的儒林傳，或者是

文苑傳，很少人知道可以利用史志的資料。有很多人寫經學史
或是寫某一經傳的發展流變史，往往不太會注意到引用史志，
事實上這一方面的資料非常重要，而且不只經學史可以應用，
詩詞小說等文學史，都可以用得上，像魯迅的《中國小說史略》
就是一個很好的例子。《中國小說史略》是一部經典之作，一
直到現在還沒有一部小說史能夠取代它，魯迅這部書的書名叫
作「中國小說史略」，他特別加一個「略」字，這個「略」字
非常的重要；這部書實在非常簡略，全書大概不過十多萬字。
書寫於民國十幾年，至今已有六、七十年，在這六、七十年當
中，有很多新發現的小說是魯迅所沒見到的，甚至是他不知道
的。這當中也有很多人研究小說史，研究某一類小說，特別是
話本小說、章回小說和筆記小說，研究者往往也有新的發現，
有獨到的見解。也有些人專門研究一部小說，像是《紅樓夢》、
《水滸傳》、《聊齋誌異》等書，都有很多人下工夫去研究。
除專書的研究外，還有的人作小說的斷代的研究。可是這些研
究成果，都難以取代魯迅的這本簡略的小說史。我認為其中最
主要的原因，應該是魯迅的學術根柢非常深厚，他對清朝人研
究先秦群經、諸子的方法，有很深刻的認識，並且清朝人研究
群經、諸子的工力和方法，用來研究小說，這種功力，那就不
是只是抱著幾本小說翻來翻去的研究者所能比的上的。我們單
拿他在書中對於史志的利用來說，像漢代的小說，現在都不存
了，可是魯迅就能夠利用《漢書·藝文志》中小說這一類的小
序，並從《漢書·藝文志》著錄的十幾種小說的書名，來分析
和推測這小說可能的內容，以此作為他寫漢代小說史的基本架

構。而且他還從史志著錄分析各朝代小說的特色。這就是我特別強調的史志對研究學術史的重要，研究學術史如果能夠利用史志，一定可以得到非常多有用的資料，特別是在古代的資料，很多書都已經亡佚了，如果我們能夠從史志中得知書名、卷數、著者和它的分類，有前後史志關於這本書它著錄消長的情形，就可以據以推斷這書的內容和流變。

　　從上面所述來看，史志是從校讎學出來，淵源於校讎學，雖然後來校讎學分化成爲很多門不同的學術，但是這些學術還是跟史志有非常密切的關係，可以說是相輔相成。

史志的整理與點校

一、前　言

　　近幾十年來，整理古籍的工作非常熱鬧，多彩多姿。史志也是古籍的一種，這一方面的整理工作雖然也作的不少，但是值得整理而有待大家從事的也還很多。

　　《漢書‧藝文志》跟《隋書‧經籍志》都只是《漢書》、《隋書》中的一篇。唐代劉知幾《史通》討論到史志的斷限問題，他主張史志應當是斷代，也就是僅記錄一代藏書之勝，不過他這個主張並不被大家注意。等到清代修《明史》，藝文志就是斷代成書，可以說劉知幾的主張這時才實現。

　　南宋初年，為了訪求遺書，把《新唐書‧藝文志》刻成單行本，發交給各個地方，依照這些書目訪求遺書，這是正史藝文志有單行本之始。明代嘉靖年間，把《文獻通考》當中的〈經籍考〉七十六卷裁篇別出，印成單行本，這顯示當時已經體認到這一部分資料的重要性。

　　清初修《古今圖書集成》，其中的「經籍典」分門別類來論述各類圖書的情形，當中引用了不少的歷史藝文志，不過因為是類書的體裁，說不上是資料的整理，更說不上有什麼學術上的意義。

　　清朝中葉以後，日本人編了《八史經籍志》，把《漢志》、《隋志》、《兩唐志》、《宋志》、《明志》，再加上《補遼金元藝文志》，八個朝代的藝文志編成一部小叢書。光緒年間，中國人翻刻此書，這是藝文志匯刻的第一部書，可是卻是由日本人從事的。

　　清末以來，學者對歷史藝文志就非常注重，大量進行考訂的工作。但如果追溯起來，宋末王應麟的《漢藝文志考證》，既是考志，也兼補志，可謂是開山之作。雖然王應麟補的不多，考的也不多，可是後代研究者往往會引用這部書。

　　真正的補志工作，可以說是從黃虞稷的《千頃堂書目》開始，他是仿照《隋書・經籍志》的辦法，補宋遼金元四代的藝文志。遼、金、元三史並沒有藝文志，所以他作的是補志的工作。而《宋史》已有藝文志，黃虞稷覺得《宋史藝文志》南宋部分收錄不完備，因為南宋寧宗以後，朝廷內府已不再進行校書工作，所以《宋史・藝文志》對此後的著作收錄的非常少。黃虞稷這個工作可以說是志補，據志增補，他作的比王應麟要好的多，對其後的影響也大。清朝學者對補志和志補及考志的工作都作了很多，其中姚振宗用畢生精力所寫成的《快閣師石山房叢書》是代表，《快閣師石山房叢書》中除了《別錄》及《七略》外，都是補志或是考志，不但收集了非常多的材料，考證也精確詳審。

　　民國以後，學術風氣崇尚西方國家，學術工作也多元化，所以就缺少像姚振宗這樣投注畢生精力於傳統校讎學的人，不過也還有一些成就。

我覺得要想整理歷史藝文志，可以從幾方面來說：首先就是點校。

二、點　校

正史藝文志都是原書當中的一篇，《八史經籍志》把這些裁篇別出，可是還是用傳統刻書的方法，行行到頭，眉目不夠清楚。後來漸漸的出現每一種書都另提一行，看起來比較清楚，但是把原書的格式破壞掉了，反而也造成眉目不清。這可以說是一個兩難的問題，如果一定想要兼顧的話，我認為還是採用從前行行到底的辦法，可是每一種書當中可以空一、兩個字，甚至於再編一個號碼，這樣查起來就方便的多。

《八史經籍志》用起來並不夠方便，後來雖然也有一些翻印的本子，可是還是不太受人注意。一直到民國四十幾年，大陸上的商務印書館印《十史藝文志》，用鉛字來排，每一種書另提一行，也根據許多好的本子來校，每一種藝文志前面都有一個出版說明，對這一個藝文志作一介紹、批評和評價，以及後人對此書整理的情形以及此書編印的經過。這套書只先出到《明史藝文志》而已，它每一史除去正史藝文志以外，還有很多附帶的材料，像遼金元明都有好幾種，甚至十多種材料。雖然說是十史，但基本上已經包含清代以前的經籍資料，《清史藝文志》一直到民國七十幾年才出版，自然不是《十史藝文志》所能收錄。

《十史藝文志》在每一部後面，都有一個人名跟書名的索引，按照四角號碼來排，查起來非常的方便。但是這書雖然是

用很多本子校勘，擇善而從，可是它並沒有把各種本子不同的地方加以註明，這也算是美中不足之處。

後來中華書局所點校的《二十五史》，也是每一種書都提行，加上新式的標點，且每一卷後都附有校勘記，說明每一種不同的版本的異同之處。《二十五史》點校時剛好遇到大陸的十年動亂，對這工作的品質有不小影響，好些史書點校的時候作得很仔細，可是等到印行的時候，把其中的校勘記刪掉了。而且《二十五史》分給各個不同的學校和學術機構，一同進行，這算是分工，但是分工之後，並沒有好好的合作。就以《兩唐志》來說，校《舊唐志》可以採用《新唐志》，校《新唐志》也因當採用《舊唐志》，可是在印行的《舊唐志》的校勘記裡面引用到《新唐志》，《新唐志》就沒有引用到《舊唐志》。而且在標點、斷句，甚至分段，往往也不太一致。在那個大動亂期間，我們也很難苛求從事這一方面工作的人。

我們一方面要感謝他們的辛勤，但在利用點校本《二十五史》時候，對這個背景也要有所認識。

歷史藝文志還很多，特別在《二十五史補編》裡面就收入了三十多種志補、補志和考志，可是它夾在很多其他的書志跟表裡面，印成六大本，查起來實在很不方便，應當將其點校。因為開明書店當初印這部書的時候，並沒有進行整理工作，原來分段的也就有分段，但原來沒有分段的，也並沒有再加以分段。最好是能夠每一種書都出單行本，再把它編成一套書。

《二十五史補編》裡面還有一些沒有收錄的，成書在抗戰以後，近六十年所寫的書，當然無法收錄，但還有些是在《二

十五史補編》印行以前就出版的書，可是也沒有收入。如是顧實的《漢書藝文志講疏》，《二十五史補編》就沒有收錄。

如果我們要把歷史藝文志全部點校、排印，最好先擬定一致的版式，每一面多少行、多少字，完成之後還要來對每一種書編人名、書名索引。然後再編一個各朝代的索引，最後應該編一個總索引。索引固然是一部書一部書的編，可是如果你要查很多本書，那要分開來查也不夠方便。可是一部索引如果收錄的書太多，那這個索引太大，如果你只要查其中的一部書，那查起來也不是很方便，所以最好分別和全部的索引都能夠有，可以提供不同的用途。

有了這樣一個彙編的書，而且各自有單行本，那麼對於須要利用的人就會感到非常方便。如果在印行的時候，還可以把每一種書都以類為單位，加編一個號碼，這樣無論是在查閱或是引用的時候都非常方便。這也不是我個人的意見，陳樂素考證《宋史・藝文志》花了幾十年的功力，他對於引證的資料，每一種書都編一個號碼，這樣在引用、查閱的時候，尤其是需要請助手幫助的時候，查起來就方便很多。

在點校完成編了索引以後，第二個工作可以把重複的部分加以整理。唐代有舊、新唐書兩種史志，當中有些是重複互見的，而重複互見的也會有些出入。沈炳震的《兩唐書合抄》，就根據《舊唐書・經籍志》，把《新唐書・藝文志》不同的地方用雙行小注的方式加以注明，這樣對需要查《兩唐志》的人自然方便許多，可是眉目還是不夠清楚。

商務印書館的《十史藝文志》，《兩唐志》部分採用合編

的方式，分作上下兩欄，上欄是《舊唐志》，下欄是《新唐志》；
這種整理方式比沈炳震要清楚一些，但是利用起來，在《舊唐
志》方面比較沒有問題，但《新唐志》的順序就必須遷就《舊
唐志》。如同樣的書《新、舊唐志》分在不同的類，有些有註
明《舊唐志》在某類，《新唐志》在另外一類，有的就沒有註
明。因爲以《舊唐志》爲主，因此有些書光就《新唐志》，往
往就無從得知《舊唐志》是在哪一類，所以它這種排列得方式
並不夠完善。

三、互著別裁

　　章學誠的〈論修史籍考要略〉裡面提到：「今擬修《史籍
考》，一倣朱氏成法，少加變通，蔚爲鉅著。」[1]其下有十五個
條例，第六是經部宜通，第七是子部宜擇，第八是集部宜裁。
修《史籍考》而利用到經、子、集三部，這實在就是互著；而
宜擇、宜裁也就是別裁。所以互著倒不一定是一部書分別著錄
在兩個或更多不同的類別，甚至只在一類著錄，也還是具有互
著的功能，章學誠在〈論修史籍考要略〉中舉出一些例子，其
中有些例子是從《經義考》得到的啓示。大家論及章學誠的互
著、別裁，是認爲是從《漢書·藝文志》得到啓示，我覺得他

1　按：見《章氏遺書》卷13。（北京：文物出版社影印，更名《章學誠遺書》，
　　1985年，此文在新編頁116。）章氏所論十五個條例，分別是：一曰古逸
　　宜存，二曰家法宜辨，三曰翦裁宜法，四曰逸篇宜探，五曰嫌名宜辨，六
　　曰經部宜通，七曰子部宜擇，八曰集部宜裁，九曰方志宜選，十曰譜牒宜
　　略，十一曰考異宜精，十二曰板刻宜詳，十三曰制書宜尊，十四曰禁例宜
　　明，十五曰採摭宜詳。

是受到朱彝尊《經義考》的影響。因為不論互著、別裁這兩種方法是從誰開始採用，但真正成功運用的是從朱彝尊開始。今天先撇開前人所論互著、別裁的種種說法，先討論互著、別裁的應用問題。

從鄭樵到章學誠都舉出了許多互著的例子，但我覺得他們所舉的例子仍非常有其侷限，我在輔仁大學任教時，曾經指導學生找出十幾種重要的書目，就同一類著錄的書在各部書目中的分類情形，列成一個長表，其作的最好的是農家類，農家類的書不多，可是這十多部書目中著錄農家類的書，往往有很大的歧異，同樣的書常分入不同類別，甚至跨越四部，雖然著錄仍以史部和子部為主，但經部和集部都有，一共牽涉到二十多類。這就表示這些書籍因為編目者的觀點不同，而分在不同的類別，不妨都可以說是互著；當然實際上互著的標準不能夠這麼寬鬆，必須要稍微嚴謹一些，因為其中有些是編目者不了解書籍的內容和性質而產生的。因為疏忽而造成的書籍編目錯誤，並不應視作是互著，編目者既未刻意為此立一個體例，則只是一種錯誤而已。這當中也很容易分別，因為編目者如果採用互著的體例，凡是合於這個體例，都應當互著在兩類或是更多的類；假使同樣情形的書，有的互著，有的不互著，那可能就是編目的人疏忽，甚至於錯亂，而不是互著。

編纂書目時用別裁的體例，必須有所節制，如果漫無節制，那就成為編纂類書，而不僅是別裁了。舉例來說，我們如果任意找幾種採用四部分類的書目，甚至都是採用《四庫全書總目》的分類方式，如果這書目所收的書，《四庫全書總目》

都有，二者分類完全相同，那就姑且不論。如果有些書是《四庫全書總目》裡面所未收的，或者《四庫全書總目》雖然有著錄，但書目作者覺得《四庫全書總目》的分類並不是很妥當，因此稍作變動，那麼可見這兩種書目不會完全相同，依據經驗，我們可以說很少有兩種書目的分類是完全相同的，大部分的情形，都是後來的書目參考前一種書目分類的方法，甚至於完全依照前一種書目。例如我在中央圖書館擔任中文編目工作的時候，從事西文編目的同仁對於西文書的分類，就是完全依照美國既成的分類方式，那樣當然完全相同，也就無所謂互著的問題。

　　古代的書，有些很像現代的叢書，說得更貼切一點，那就更像是現代的論文集，因為古代的書它往往是一篇一篇單行，還有大部分的書都是分合無定，特別是在《漢書・藝文志》那個時代。以《戰國策》來說，每一個本子篇數內容都有不同，編輯的人常隨個人的須要而蒐錄相關的著作，然後編輯成編，那情況就類似現今的叢書。以現今的叢書為例，商務印書館印行的《人人文庫》就是一個最好的說明。人人文庫並沒有事先編成一個書目，而是隨時找到什麼書，就隨時編進去，有的是新書，有的是舊書。新的著作的書那另當別論。如果是舊有的著作，就會產生以下的情形：第一，收錄的書原本就已經單行，商務印書館將它們編入《人人文庫》，但是《人人文庫》很少人會買全套，而且因為是陸續的印，實在也沒有所謂全套的《人人文庫》。第二，《人人文庫》中的書，有些原本已經收錄在其他的叢書中。《人人文庫》各書分別賣，想買的人就在當中

挑一些他自己需要的，可以只挑一種或幾種，幾十種甚至幾百種；每個人挑的都並不一樣，因此每個人手上有的《人人文庫》必然不相同，如果就自己的書編一個藏書目，其中收錄這一些書，我們就不能說這是從《人人文庫》裁篇別出。

古書很多也有類似的情況，就拿經部類的書來說，《禮記》就是將很多篇關於禮方面的論述編在一起，所以《大戴禮記》和《小戴禮記》當中有很多篇章是重複的，但也有些不同的篇章。由這一點我們可以知道，要別裁，須先確定這書本來沒有單行本，而是一部書中的一部分，那情況近似於現在編在叢書中的一部書。

我們對漢代圖書的情形，並不很了解，因此是不是別裁也就不容易確定。因為別裁是篇章是原來就收在某一部書中，沒有單行，編撰書目的人把一部書中的一些篇章編到另外一類，這才是裁篇別出。如果這篇文字本來除了在書之外就有單行，甚至於本來就是一篇一篇單行，後來才有人把它匯集成一部書，這種情形，在編目的時候就把各篇章當作分別的書來處理，分到另外一類，這種情形就不是編目的裁篇別出，而是該書的原貌就是如此。可是年代久遠了，對於這些書的流傳情形我們根本不清楚，所以也就無從知道原來就是單篇流傳，還是編目的人把它裁篇別出。

漢代的時候如此，可是後代有些人覺得某一部書中的某些篇章特別重要，或者特別感興趣，因此針對這些篇章加以研究，例如《隋書經籍志》中，就著錄從《禮記》裁篇別出的〈中

庸〉。《尚書》的〈洪範〉、〈禹貢〉也都有這種情形。[2]這是因為作者從古書中裁篇別出來作專門的研究。編目者也只好把它單獨編到書目。這種情形也不能說只是著者裁篇別出，而不是編目者裁篇別出。這一點我們一定要能夠分辨清楚，這和《人人文庫》採用一些以前叢書中的著作的情況很類似。

互著、別裁都要有適當的節制，不能夠用的太浮濫。如果一部書的內容牽涉到很多方面，就著錄到很多類，那找書的人看起來好像很方便，但是假使一本書平均出現在兩類，那這個書目編成以後，全書的篇幅就要加倍，查起來反而不方便。至於別裁，那就更要節制，不然就像章學誠所說的像是在編類書。

古人很早就知道圖書編目如果採用別裁的方法，那麼對利用書目的人很方便。可是真正用別裁的方式編纂書目的人並不多，我想這跟我們中國很早就有類書有關係。這些類書像《藝文類聚》、《太平御覽》之類，體制上就分天地人不同的領域。講天象，講到日月星辰、風雲雨露，就把很多古書裡面相關的文字，全部摘抄出來，這不能夠說是裁篇別出，而是尋章摘句，如果這可以說裁篇別出，那麼書目何須再別裁著錄？裁篇別出的範圍還是比較完整一些。

但是大的類書很多地方真的是裁篇別出，像《古今圖書集成》就是。《古今圖書集成》是以類書的方法編纂，在體例上並不像編書目那麼嚴謹。不過話說回來，其中有些類的材料還

2　按：《隋書・經籍志》著錄《中庸》著作三種，分別是《禮記中庸傳》二卷、《中庸講疏》一卷、《私記制旨中庸義》五卷。《尚書》類則著錄漢劉向《尚書洪範五行傳論》十一卷一種。

是滿有用的。我在平常寫一些遊戲文字，就常常在《古今圖書集成》中找材料。譬如在過端午節的時候，有些編報紙的朋友在幾天前邀我寫篇關於端午節的應景文字，那我就用《古今圖書集成》，挑選其中的詩文，重新排比，再用自己的文字發揮一下，然後加上前言結語，這樣看起來，也還算是引經據典，好像是博覽群書以後才寫成功的，事實上我只不過翻了一部《古今圖書集成》而已。事實上要寫篇嚴肅的論述，也還可以把它當作索引，只是在引用其中的篇章文字，還需要跟原書來核對，因為編類書的人常常會加以刪改、摘錄，這是需要特別注意的。

　　理論跟事實往往會有一段距離。章學誠的互著、別裁講的很好，可是他編的書目，並沒有能夠充分的利用互著和別裁的方式。他〈論修史籍考要略〉中是提到編史籍考要採用互著、別裁，可是《史籍考》編到什麼樣我們不知道，即使已經完成一部份，我們現在無法目睹，無從得知他對這兩種方法運用的情形。可是就他現在還流傳下來的一些書目來看，他並沒有能夠利用互著、別裁特別。像他編纂的《福州藝文志》是很受大家推重的一部書目，但其中就沒有運用到互著和別裁。

　　清朝人編書目，特別是編學科書目，有些人非常成功的運用互著、別裁的原則。除了朱彝尊的《經義考》之外，接著朱彝尊之後編成的《小學考》、《許學考》，往往也都採用這種方式。

　　今人余紹宋編的《書畫書錄解題》，其中就運用互著、別裁。余紹宋也是浙江人，章學誠是他的鄉先輩，可是他似乎並

沒有看過章學誠的書，因為他的書在序跋凡例裡竟然沒有提到章學誠，對於互著、別裁的說法，也都沒有採用章學誠所擬訂的原則，這點實在不可解。

現在有些大型的圖書館在作編目和分類時，漸漸也採用互著、別裁的方式，例如《江蘇省立國學圖書館圖書總目》，其中收錄的年譜就很多是在別的書目中看不到，這是因為編者把各書裡附錄的年譜，都裁篇別出，收到年譜這一類。至於叢書部分，也把子目打散，分到它應當分的類別中。可是這也有一個缺點，因為子目既然已經分別著錄，叢書這一類中就不再列子目，這對運用叢書的人，是會產生一些問題，不夠方便。

故宮博物院將善本書目和線裝舊籍合成一部書目的時候，也採用一些裁篇別出的方式；不過是以篇為單位，不再細分，而且所裁出的部分也不是漫無限制。

我們如以篇為單位，都用裁篇別出的方式，那這個書目的分量一定會增加很多倍。例如正史的書志部分，每一種都可以說是專門的歷史，都可以裁篇別出，那麼就可以想見憑空多出幾百條資料，書目的篇幅就會變的很可觀。

但是在正史中，擴大一點來說，在紀傳體的史書中，書志部分是專門歷史，這是研究歷史、讀歷史的人都知道的基本的常識，要不要裁篇別出，並沒有太大的關係。

至於互著，我認為西洋的標題目錄和互著有很相似的地方。一部書包含哪幾部分就訂幾個不同的標題，在分類編目之外，再用標題來處理，就可以達成互著和別裁的效果。

鄭樵說有些書很不容易分類，有些類別當中並沒有非常明

顯的界限，[3]但實際上難分類的書還不只這五種，前面提到農家
類的情形，就可以拿來作為例子。至於一部書的內容多樣複
雜，會牽涉到很多不同的類別，這時是適合採用互著，但那還
是要以分到某一類為主，而其他的類別再用互著。一般說來，
即使採用互著的方法，在不同類別中也不完全是等量齊觀。究
竟主要的要分到哪一類，這一點我想可以參考其他的書目，大
多數書目分類，都只把一部書分到一類。但是怎麼樣處理會比
較恰當，以我個人的經驗，要從許多各種不同的角度來思考，
當然最基本的是看這部書的內容主要是討論哪方面為主，如果
分不出輕重，那就看分量，哪一類論述的分量多，當然分量多
並不一定就表示重要，這當中還是會有一些區別；如果分量也
不容易分出多少，那可以再用另一種方式，就是看內容是先講
哪一類，就歸入那一類；如果也分不出先講的是那一類的話，
那就看這一個圖書館的收藏是偏重在哪一方面，不妨就放在這
一類。這也是我們採用互著的方法，可以作一個參考。

　　至於別裁，如果是是給公眾使用的目錄，那麼只好採用比
較客觀的方式。如果書目是給個人或是少數人，或是某一個團
體使用，那就更方便，可以把自己或團體所需要的部分，盡量
從各部書中裁篇別出。

　　前人編類書，及現今整理古書的方式，或多或少都採用裁
篇別出的方法，用這種方法處理和編輯的資料對很多人都非常

3　按：鄭樵《通志‧校讎略‧編次之訛論十五篇》：「古今編書所不能分者
　　五：一曰傳記，二曰雜家，三曰小說，四曰雜史，五曰故事。凡此五類之
　　書，足相紊亂。又如文史與詩話，亦能相濫。」（王樹民點校《通志二十
　　略》，頁1817。北京：中華書局，1995年）

有用，我們可以稱之爲「詁林式」，那是丁福保編纂《說文解字詁林》所用的方法。丁福保以《說文解字》中收錄的九千多個字爲綱，找了三百多種書，把每一種書裡講討論到某個字的論述，都集中在這一個字下，再將內容依次條列，分爲《大徐本》、《小徐本》以至於單篇的論文，甚至不是文字學相關著作中的論述，只是與這個字相關的材料，他也加以收集。這部書出來以後，大家用起來非常方便，於是乎也有一些人仿照他的這個方法，例如李孝定的《甲骨文字集釋》、周法高的《金文詁林》，名稱雖然不同，但都可以稱是「詁林式」。

丁福保不僅編纂《說文解字詁林》，還編《古錢大辭典》，也計劃將多種關於中藥的書目，仿照《說文解字詁林》的方式編輯，但是這個工作太大，他並沒有完成。現今大陸上整理、編印出來《四部總錄－醫藥篇》及《算法篇》、《天文篇》，就是以他的初稿整理而成。[4]

依照丁福保的方式，還有很多書可以作。臺灣也有人仿照這種方式編纂，如臺大中文系臺靜農先生指導研究生編成的《百種詩話類編》。這書實際上收了一百零一種詩話，臺先生各種詩話的每一篇、每一段都拆開來，分作很多類，同一類再

---

4 按：《四部總錄》各編，題丁福保、周雲青編。（北京：文物出版社1984年）周雲青《四部總錄醫藥編·編者的話》云：「《四部總錄》是一部包括經、史、子、集四部，專搜羅古代以至近代學者著作，而以見今還有傳本者爲限，並備載前人序跋、解題的一種書目。從一九二九年由先師丁仲祜先生（丁福保）在自創之醫學書局印發樣本後，曾以個人之力排成二三千葉，卒以卷帙浩大，先師慮力薄不能竟其功，乃歸商務印書館繼續完成。但該館亦僅排三千餘葉，綜計約近六千五百葉，均成有紙型，尚有近千葉之稿，未能排竣……」（頁首）

按時代、按詩人編排。這也可以算是前人編類書的方式，不過
類書是從各種篇章中尋章摘句，所以切割的比較零碎，而《百
種詩話類編》只是一篇、一段作一個單位，不再拆散，也就是
說運用裁篇別出的原則比較有節制。而類書只是把當中的一部
分收錄到各類中，很少有整部書完全採用，像《古今圖書集成》
這樣的方式是例外，因其分量大，有一萬卷，有些較小的書可
以完全收錄，如《韓詩外傳》就是，但是除此之外，極少有類
書收入整部書的。[5]像《說文解字詁林》、《百種詩話類編》的
處理方式，讀者就不一定須要再去翻閱原書，當然原書也不能
夠完全廢除，那是看個人研究的範圍，如果是研究某個人的詩
學，那他所寫的詩話當然是非常重要的材料，不看原書，而從
《百種詩話類編》中看他的論述，這也未必恰當。

　　將資料這樣編輯以後，對於研究者有很多方便之處。詩話
基本上是陳陳相因，研究者很容易從類編中看到論述的演變，
即所謂的學術流變。事實上不只是詩話，包括經傳的解釋、《說
文》及各種解題書目，對同一個論題，同一部書，往往也是陳
陳相因。所以「詁林式」的裁篇別出，再重新編輯，對讀者而
言，往往比原書還好用。

　　不過這個跟圖書編目的裁篇別出有一點出入，我在這裡特

---

5 按：喬師〈跋圖書集成裡的韓詩外傳—兼論圖書集成在校讎學上的評價〉
云：「《圖書集成》引用書有一點是其他類書所比不上的，便是有不加以
刪節或拆散，全本錄在一處。《韓詩外傳》只是一例，如〈歷象彙編〉第
一百二十九卷到一百四十卷曆法典中數目部全錄《小學紺珠》。因為他的
卷帙龐大，所以能立這一個體例，其他類書只能收到完整的篇章。《永樂
大典》偶有收整部書的，這是編纂人後來草率，敷衍塞責的做法，不像《圖
書集成》體例便是如此。」（《廣文月刊》第1卷第2期，1968年12月）

別強調裁篇別出的重要性，但是裁篇別出的功用也有侷限性。

　　類書的編輯方式，和裁篇別出以至於互著，可以說都有一點關係。現在大陸從事古籍整理的工作，很盛行資料彙編，就是從很多部書中，抄出某一方面的資料，像從《明實錄》裡面，抄經濟史料，從《清實錄》裡面，抄藏族相關的史料，從朝鮮的《李朝實錄》裡面，抄出和中國有關的史料。在臺灣，也有人從事這方面的工作，例如周憲文主編的《臺灣文獻叢刊》，就是從《清實錄》及相關著作中抄錄臺灣史料；又如中央研究院民族所從正史裡面抄出關於邊疆民族的資料。在這種影響之下，連韓國也從《二十五史》裡面，抄出跟韓國、日本有關係的資料，加以標點，還加上標題，作的相當的精細。

　　說得好像離題稍遠，不過跟裁篇別出也還有點關係，因為這樣「詁林式」的資料彙集，就可以知道只是裁篇別出的方式，往往還不夠，因為裁篇別出只說明哪一本書中有相關資料，讀者還得去找到這本書，現在把某各部書裡面相關的資料，全部編排在一起，這樣就方便許多。不過話說回來，讀書，一定要自己把工夫下到了，尤其要作學問，最好能把書都好好的讀一遍，自己把這些資料抄出來。現成「詁林式」的資料如果用慣了，就會懶得去查原書，這樣就會被彙編的資料所牽制。但是抄錄資料彙編的人對這一方面的學術訓練，不一定很夠，他摘錄資料，對原文是不是有所刪節，甚至於曲解，恐怕都在所難免。從前人認為類書最不可信，現在這種方式當然是比類書的編輯方式周密許多，但是無可避免還是有其缺點。

《新唐書‧藝文志》考評

序　引

　　《舊唐書‧經籍志》（本文下簡作《舊唐志》）依據《古今書錄》而成，所收經籍，僅到開元年間，此後兩百年唐人撰述從缺，如文中韓柳，詩中李杜，俱未入錄。《新唐書‧藝文志》（本文下簡作《新唐志》，與《舊唐志》並舉，則分別簡作《新志》、《舊志》，合稱則作《兩唐志》。）補舊志之缺，增錄唐人撰述千餘種，後世考論唐代三百年間的著作，《新志》優於《舊志》，又每能考作者行事，補史傳未備。

　　然《新唐志》以書類人，淆亂類例，鄭樵、劉咸炘等，均有批評，《宋史‧藝文志》等則加仿效。

　　《兩唐志》各有所長，沈炳震《兩唐書合鈔》，中華書局《唐書經籍藝文合志》，均欲合併兩志，而以《新志》遷就《舊志》，更形混亂。

　　《新唐書》卷五十七至卷六十為藝文志，凡四卷。其書較《舊唐書》通行，一般論述如稱《唐志》，均指《新唐志》。

《新唐書》題宋祈、歐陽修等撰，紀志部分，則出歐陽修之手。
1

一、歐陽修傳略

　　歐陽修字永叔，自號醉翁，晚年號六一居士。吉州盧陵人。四歲喪父，母鄭氏守節撫孤，家貧，以荻畫地學書，而終能有成。天聖八年（1030）試禮部第一，授秘書省校書郎，此後多次擔任與圖書文獻有關的任歷官中外俱有政績。官至樞密副使，參知政事。熙寧四年（1071）以太子太師致仕，五年卒（1007-1072），年六十六，諡文忠。

　　歐陽修善於選拔人才，獎掖後進，多能成爲大器。如曾鞏、王安石、三蘇父子，在還不爲人注意時，就爲他們宣揚，說將來一定能受世人推重。

　　在學術上，歐陽修的成就也是多方面的，重要的著作，經部有《易童子問》、《詩本義》、《詩譜補亡》等。史部有《五代史記》，並參與修撰《新唐書》。文章則爲北宋古文的領袖，詩詞方面也都有很高的成就。《六一詩話》兩卷，可說是開創

1　《新唐書》之修撰，歷時既久，參與者多。嘉佑五年（1060）七月戊戌進書表，由曾公亮具名，而收入歐陽修〈表志書啓四六集〉卷二，知其出於歐陽修。第三天庚子，歐陽修有〈辭轉禮部侍郎劄子〉：「臣與他修書官不同。檢會宋祁、范鎮到局各及一十七年，王疇一十五年，宋敏求、呂夏卿、劉義叟，並從祁置局便編纂故事，分成卷本，用功最多。如臣者蓋置局已十年後，書欲有成，始差入局，接續殘零，刊撰紀、志六十卷。」（《歐陽修全集》卷91，頁1341，北京：中華書局，2001年）其中〈藝文志〉四卷，以歐陽修先曾預修《崇文總目》，又屢次參預纂修工作，且家富藏書，自能駕輕就熟。

之作，後人且用作這一類論著的通名。這些著作，多收入《歐陽文忠公全集》，凡一百五十五卷。（下作《歐陽修全集》，或略作《全集》）[2]

歐陽修的傳記資料非常豐富，《歐陽修全集》的附錄，便有吳充撰〈行狀〉、胡柯撰《歐陽修年譜》等十種。

藏書一萬卷，有《歐陽參政書目》一卷，久佚。《全集》中所收序跋、函札等，以及同時學者，如曾鞏等著述中，每記其收藏、校讎等情形。

歐陽修也留意金石資料的搜集、整理、考訂，有《集古錄跋尾》二卷，五百多篇。其他函札、題跋等部分，討論到金石學的，也還不少。金石之學以宋、清兩代最爲發達，而歐陽修頗有倡導之功。

二、收　錄

《新唐志》序云：「藏書之盛，盛於開元，其著錄者，五萬三千九百一十五卷。而唐之學者自爲之書者，又二萬八千四百六十九卷。」此著錄部分，比《古今書錄》要多2063卷。王重民說：「因此，疑歐陽修所據的《古今書錄》，是一個經過增訂的本子。」[3]其實以班固刪節《七略》，且又稍加增損改易而成《漢志》的例子來看，《新唐志》對《古今書錄》或《舊唐志》，也會稍加增損改易，而不必照單全收。所以不僅比《古

2　標點本，題作《歐陽修全集》，本文下據此書名。（北京：中華書局，2001年）

3　見王重民《中國目錄學史論叢‧中國目錄學史》，頁107。（北京：中華書局，1984年）

今書錄》多出兩千多卷，也有刪減改易的地方，見下文。

今就《兩唐志》的收錄情形，列表如下：

	著　　錄					不著錄		增著錄	
	部	類	家	部	卷	家	卷	家	卷
舊唐志	經	12		575（571）4	6241（6202）				
	史	43		844（773）	17946（15751）				
	子	17		752（749）	15637（14831）				
	集	3		809（879）	12028（11875）				
新唐志	經	11	440	597	6145	117	3360（3370）	17	130
	史	13	571	857	16874	358（447）	12327（9046）	135	2188
	子	17	609	967	17152	507（672）	5615（5474）	154	1451
	集	3	818	856	11923	408（561）	5825（6250）	15	129

《新志》序文未記所著錄的部數。依據四部分別的總數合計，得3277部，比《舊唐志》要多出約十分之一。《新志》每一部、類又各載家數，合計2438家。所謂家，是指在各該部、

---

4 括弧中為《兩唐書合鈔》所統計的數字，見《唐書經籍藝文合志》。（臺北：世界書局，1976年）

類中收有若干人的著作，一人每有多部著作收在同一類中，所以家要比部少。

著錄部分，《新志》已多於《舊志》。另有不著錄部分，四部合計有1390家，27127卷。已略相當著錄部分之半。而《兩唐書合抄》，則核計爲1897家，24110卷，兩項數字出入甚大。

《兩唐書合抄》還在《新志》的著錄與不著錄部分之外，找出了各部類中，有「增著錄」的部分，合計爲323部，3898卷。這是位於著錄與不著錄兩部分的夾層中，沈炳震既未加以說明，討論《新唐志》的人也少加留意。

其實《新唐志》著錄部分各書，既多於《舊唐志》，多出的便應屬於「增著錄」，卻又並非如此。所以《新志》比《舊志》多出的書，可分三部分：

（1）著錄部分，兩千多卷。然也有《舊志》有而《新志》無的，說見下文。

（2）不著錄部分，約爲著錄部分之半。

（3）增著錄部分，約爲著錄部分十分之一強。

這些增出的資料來源，序中未說明。

三、取　材

1、著錄部分

《新志》著錄部分既和《舊志》小異而大同，自是根據《舊志》，或直接採用《古今書錄》。其有出入，王重民認爲所據《古今書錄》是增訂本。不過也可能是援班固採《七略》而有

增刪改易的成例。分見上下文。

2、不著錄部分

梁啟超說：

所謂「不著錄」者，當是指其所根據之舊錄，但不能確知
為何書。恐即《開元四部錄》或《古今書錄》耳。[5]

這一說法，得失各半。梁氏既知《舊志》全部迻寫《古今
書錄》，《新志》所增開元以後唐人著述視《舊志》多數倍，
而要說是根據《開元四部錄》或《古今書錄》，豈不自相矛盾。

不過說所謂「不著錄」，當是根據舊錄，則可從。這舊錄
是何書，王重民認為：

凡歐陽修所增補的，都分別排在各類後面，稱「不著錄若
干家，若干卷」，持與《崇文總目》核對，顯然是以《崇文總
目》做主要參考資料的。[6]

這一說法與事實不相符。按：唐貞元三年（787）秘書少
監陳京作《藝文新志》，名曰《貞元御府群書新錄》。[7]而開成
初（元年為836）詔秘閣搜訪遺文，四部書至五萬六千四百七
十六卷，[8]惟未言有書目。《貞元目》不見於《唐志》、《宋志》
和《崇文總目》。不過這兩次校書的資料，容有流傳到宋代，

5　見《圖書大辭典簿錄之部》頁20。（臺北：臺灣中華書局，1958年）
6　《中國目錄學史論叢‧中國目錄學史》，頁108。
7　見柳宗元〈唐故秘書少監陳公（京）行狀〉，《柳宗元集》卷8，194。（臺
　　北：華正書局，1990年）
8　見《舊唐書‧經籍志‧總序》，《唐書經籍藝文合志》頁3。（臺北：世
　　界書局，1976年）

歐陽修得以參考。而且《崇文總目》、《宋志》載有《唐秘閣四庫書目》四卷、《唐四庫搜訪圖書目》一卷、《集賢書目》一卷，其他如五代楊九齡《經史目錄》一卷等，都可供採擇。

3、增著錄部分

計三百多部，當是並未依據舊目，零星增入，不過都列在著錄和不著錄兩部分之間。和這兩部分並不重複，可知增入時已曾參考該兩部分的資料，或編不著錄部分時，曾參考這些增著錄的書。其來源如何，又為何置於夾層中。各部類又都未核計其部數、卷數，文獻不足，難以詳考。

4、《崇文總目》和《新志》的關係

《崇文總目》成書，早於《新唐志》二十年，且都成於歐陽修。兩者的關係如何？又仁宗時修《三朝國史》，中有藝文志，歐陽修未必能據以做參考。然當本於《咸平館閣書目》，且宋初多次校書，館閣所藏，每編有書目，9為歐陽修所易見，而做為參考。這些書目固然都早已失傳。然元修《宋史》，即依據歷朝國史藝文志。所以取《崇文總目》、《宋志》，和《新唐志》比對，便可知其關係。

今取《新唐志》五經各類不著錄部分，列表對照於下：

---

9 見《玉海・藝文》，卷52頁33。（上海：上海書店、南京：江蘇古籍出版社，1988年。新編頁994。）

	易	書	詩	禮	春秋	合計
《新唐志》	11	4	3	16	22	56
《崇文目》	1	0	0	3	2	6
《宋志》	1	0	0	0	0	1
《崇文》《宋志》均有	3	0	0	2	6	11

　　《新唐志》不著錄計56部，其中見於《崇文總目》和《宋志》的，還不到三分之一。《新唐志》總序說：「唐之學者自爲之書……今著於篇，有其目而亡其書者，十蓋五六也，可不惜哉！」這是就四部書約略而言，「五經」部分，則多到三分之二強。而互見部分，書名和卷數，又每有出入。

　　再就別集類《新唐志》不著錄部分核對，書名、卷數、著者有出入的也不少。

　　可是王重民卻認爲《崇文總目》是不著錄部分的參考資料，進而說：

　　凡「未著錄」內依據宋代藏書或宋代藏書目錄所著錄的，其書在唐代未必流傳，其書本與宋代所流傳的相符合，而未必符合於唐代原始情況。（同王重民前說，頁108）

　　根據前面比較的結果，可知王氏的說法有待商榷。修《新唐志》時，不著錄部分，主要依據唐代舊目。至於《崇文總目》以及宋初的書目，當然可供參考，卻不能說是主要資料。而且要是依據宋代藏書或書目去編不著錄的部分，〈總序〉中也不應說是「今著於篇，有其名而亡其書者，十蓋五六」。

5、所增僅一代著述之盛

《新唐志》所增的，以「唐之學者自爲之書」爲限，至於隋以前的著述，《舊志》未收，仍存於當世的，便未著於錄。而這些書有的還見於《宋志》和宋代其他公私書目，可供有意於補《唐志》的人參考。未能貫徹史志在紀一代藏書之盛的成例，這也是《新唐志》的缺失之一。

四、書目記亡佚

梁啓超認爲：

其著錄並不以修志時現存目睹之書爲限。然《隋志》凡亡書及闕書皆注「亡」字或「卷亡」字於書目下。本志不注，無從知「十亡五六」者之爲何書。此則《舊、新兩唐志》共同之惡例也。（同梁啓超前說，頁20）

按：《隋志》除依據隋代藏目，並依據《七錄》等通記五代藏書，所注「亡」、「卷亡」，是梁有其書，而到隋代亡佚，或者有闕卷。並非隋代有，而唐代修志時才亡。所以不能援《隋志》的例子，責《兩唐志》不記所亡何書。

如果要知道「十亡五六」爲何書，可以如上節取《崇文》和《宋志》，以至南宋初的《郡齋讀書志》、《遂初堂書目》等，和《兩唐志》比對，便知分曉。當然宋初藏書，爲這些書目所未收的，必不能多。歐陽修等如果要記亡書，也不外依據這類資料。

五、重複著錄

歷來論歷史藝文志者，公認《宋志》最爲重複錯亂。其次便要數到《新唐志》。先說重出，《舊志》原有些重出的地方，而不多。《新志》刪去了幾條，卻又增加了《舊志》不重而《新志》重的，或是《舊志》所無，而《新志》增入卻自相重複的。甚至同類之中，相去不遠便重見的。今分述於下：

1、《舊志》重複，而《新志》仍重出

禮類　王儉《禮儀問答》十卷，又《禮雜問答》十卷。

正史類　《魏書》一百七卷，魏澹撰。

起居注類　《西京雜記》一卷，葛洪撰。《新志》作二卷。

地理類　《兩志》均有重出。

按：地理類《兩志》卷數仍不同，可知《新志》著錄部分未必盡依《舊志》，間或別有所據。

道家類　《舊志》：《養生要集》十卷，張湛撰。又見醫術類。

別集類　《兩唐志》：《范宣集》十卷。《合志》：《兩志》後並有《范宣集》五卷。

按：《兩志》所載《范集》，中間都相隔二十九部書。《舊志》重出在前，《新志》相因而未刪。《合鈔》與《繆注》，也都未能發現。以上四部，《舊志》原本重出，《新志》相沿未刪。或因書名有別，撰者不同，自不易發現。

2、《舊志》不重複，而《新志》重出

有其中一部與《舊志》同屬一類，也有全不與《舊志》同一類的。

小學類　《新志》：虞龢《法書目錄》六卷。又《兩唐志》：《今字石經論語》二卷，蔡邕注。《合志》注云：案《新志》又有《今字石經論語》二卷，似為重出。

筆者按：《合志》刪去重出者，則按語成無的放矢。

正史類　《漢書辨惑》三十卷，李善撰。

儒家類　《兩唐志》：《立言》十卷，干寶撰。《合志》注云：《新志》雜家類又有《蘇道立言》十卷。按：《兩唐志》又有《正言》十卷，于寶撰。于，又作干。則《立言》亦當是干寶撰，且頗疑《正言》與《立言》即是一書。

道家類　《舊志》：《老子》二卷，成玄英注。《新志》：道士成玄英注《老子道德經》二卷。《合鈔》云：新書入不著錄。按：《新志》注文，則成玄英《老子注》實已著於錄，而不著錄部分又重出，而《合志》移於《舊志》該條之下。

總集類　《舊志》：《六代詩集鈔》四卷，徐陵撰。《新志》：分作徐陵及許凌撰兩書。《合鈔》云：《新書》增。案《隋書》只一部，《新書》疑偽徐陵為許凌，作二部，誤。

共計小學類二則，史部二十則，子部十二則，別集、總類各一則，總計三十六則。其中十三則，《新唐志》在同一類中即兩見，而《續高僧傳》在釋家中凡三見。

3、《舊志》未收，而《新志》重出

故事類　張大業《魏文貞故事》八卷。雜傳類重出。

道家類　張志和《玄真子》二卷。

類書類　張楚金《翰苑》七卷。《新志》集部總集類又有此書，作三十卷。

這三部重出的書，都是《新志》所增，和前兩志均重出，及《舊志》收而《新志》重出的，共計四十三部。佔《新志》所增的總數，已逾百分之二，比例夠高的了。

六、其他脫誤

1、《舊志》已收，而《新志》列入不著錄部分

雜傳類　《薩婆多部傳》四卷，釋僧佑撰。《新志》入釋家類不著錄。

道家類　《老子》二卷，成玄英注。《合鈔》云：《新書》入不著錄。按：此書《新志》若非重出，即是誤入不著錄。已詳前。

《新志》不著錄部分，係就《舊唐志》所未收，而用其他資料增補，共十二部。

2、《舊志》有而《新志》未收

易類　《新志》：《周易》十卷，王玄度注。《合鈔》：《新書》無。

雜傳類　《舊志》：《徐州先賢傳》一卷。《徐州先賢傳》

九卷。均不著撰人。《新志》：劉義慶《徐州先賢傳讚》八卷。王羲度《徐州先賢傳》九卷，又一卷。《合志》云：《合鈔》以爲臨川王義慶撰。《新書》誤王爲姓，誤義爲羲，誤慶爲度。

筆者按：《舊志》二書，當亦係劉義慶撰。則《新志》或重出，或多出《傳讚》一書。《合志》於《舊志》一卷本下，未列《新志》，又無說明。易使人誤爲《新志》失收。

道家類　《舊志》：《道德經》三卷。

筆者按：疑脫去注人。《新志》未收。

別集類　《劉頌集》三卷。《合鈔》：《新書》無。《合志》：按宋嘉祐刊本及殿本，皆無此書。惟明補刊宋本有之。

以上十七部，《舊志》有而《新志》無。《合志》前言以爲：

「就種數而論：《新志》比《舊志》增加很多，但亦有少數爲《舊志》有而《新志》所沒有的，頗疑爲抄寫時所遺漏。」

按：還有一種可能，是因爲《新志》所依據的《古今書錄》或是對《古今書錄》的取捨，大同之中，卻也有些小異。還有便是不同版本的出入，也會造成《舊志》有而《新志》無。

3、文字脫誤而致誤

編年類　《舊志》：《三十國春秋》三十卷，蕭方等撰。《新志》：蕭方《三十國春秋》三十卷。

按：蕭名方等，《新志》誤刪。其實即使是等字表多人，也不宜刪去，這也是以人類書的一失。

至於《舊志》誤，《新志》也跟著誤的情形更多，如起居

注類的《晉崇寧起居注》，《兩唐志》同。《合鈔》：晉無崇寧，當是隆安，避諱改隆爲崇，又誤安爲寧也。

七、《新志》改正《舊志》錯誤

1、《舊唐志》重出而《新唐志》不重複

春秋類　《春秋公羊違義》三卷，《舊志》重出，《新志》則僅一見。

正史類　《舊志》：《魏略》三十八卷，魚豢撰。《舊唐書考證》：後又見雜史類中。《合鈔》：《新書》列雜史類，作魚豢《魏略》五十卷。

按：《舊志》雜史類作《典略》五十卷，魚豢撰。與《魏略》雖書名、卷數稍異，實爲一書重出。

雜傳類　《舊志》：《會稽先賢像傳讚》四卷，賀氏撰。又《會稽太守像讚》二卷。《合鈔》：又見集錄總集類。

按：總集類首條無「像傳」二字。《新志》總集類未收，僅見雜傳類。

曆算類　《舊志》：《乾象曆》三卷，闞澤撰，闞詳注。又一部無撰、注人姓名。《新志》僅一見，不著撰注人。《合鈔》：《新書》無，疑即上闞澤撰之三卷重出。

以上雖僅四部書，然《舊志》重出的書並不多，可知《新唐志》對所據資料的重出部分，已加注意，而能加以審核刪除，惟未能盡刪，且新出的重見條目更多。

2、《舊志》錯誤《新唐志》不誤

　　易類　《舊志》：《韓詩翼要》十卷，卜商撰。　《舊志》考證：沈德潛按：韓嬰漢人，安得卜商爲撰《翼要》乎？《新書》無「韓詩」字爲合。

　　起居注類　《舊志》：《齊職儀》五十卷，范曄撰。《合鈔》：當從《新書》作王珪之。　《舊唐書考證》：沈德潛按：范曄受誅於宋元嘉二年，不應著述《齊職儀》也。《新書》作王珪之，合。

　　地理類　《舊志》：《南雍州記》三卷，郭仲彥撰。《合鈔》：《新書》鮑堅，當從《新書》。

　　類書類　《舊志》：《文思博要並目》一千二百一十二卷，張大素撰。《舊唐書考證》：《新書》無張大素名，當從《新書》。

　　按：《文思博要》一千二百卷目十二卷。右僕射高士廉太子舍人司馬相宅等奉詔撰，貞觀十五年上。共列十六人，無張大素。又《新志》書與目分別記卷數，比《舊志》好。

　　《新唐志》的長處，不僅在改正《舊志》上的一些錯誤，而體例上也有勝過《舊志》的地方。

八、小注考論作者行事及時代

　　漢劉向等校書時，所撰序錄，今存數篇，莫不詳撰人生平。班固刪《七略》而成《漢志》，於書名下每注「有列傳」，使學者據以檢查史傳。並間存作者行事於自注中，《新唐志》仿其例且加詳。

　　清全祖望〈移明史館帖子二〉云：

《新唐書‧藝文志》……於三唐圖籍，必略及其大意，而官書更備。凡撰述、覆審、刪正之人皆詳載焉……至於別集之下，雖以明經及第、幕府微僚，旁及通人德士，皆爲詳其邑里，紀其行事，使後世讀是書者有所據，以補列傳之所不備。[10]

全氏所論，從大處著筆，今略舉較小者。《新唐志》刑法類，《散頒格》七卷，《留本司行格》十八卷，原書久佚，由表中小注，還可略知撰修、改定經過，及其格式。

清焦循〈上郡守伊公書〉云：

《新唐書》之例，凡人之不必立傳者，但書其爵里於書名之下，則列傳中省無限閒文。[11]

按：《新唐書》雖較《舊唐書》爲簡略，然列傳部分，則能補《舊唐書》所應載而爲載之人，或雖有傳，補應記而未記之事。[12]書名下書爵里，也是同一義例，實是遠法《漢志》。這類文字，以別集類爲多，雜史、雜傳記、道家等類也偶然有之。且有記其成書經過的，如道家類《注莊子》和王士元《亢倉子》的小注。大致道書來源每涉於神秘，所以記其傳說中的情形。

唐初君臣多喜好甚至擅長書法，《新唐志》小學類有二王張芝等書一千五百一十卷，小注對當時慎重其事的處理情形，記得很簡明。而王羲之的真跡，歷晉、南朝、隋、唐初的動亂，內府收藏達二百九十紙八十卷，如此美富，至爲難得。

10　見《鮚埼亭集‧外集》卷42。（《全祖望集彙校集注》，頁1646。上海：上海古籍出版社，2000年）
11　見《雕菰樓集》卷13，頁207。（臺北：鼎文書局，1977年）
12　詳見楊家駱《二十五述要》。（臺北：世界書局，1973年）

　　《新唐書》在體例上也有不依《隋志》、《舊唐志》，而爲後世指爲惡例，便是「以書類人」。

九、不類書而類人

1、鄭樵的批評

　　《漢志》所載各書，書名和撰人姓名的次序，先後不一，因事屬草創，體例上未能畫一。《隋志》和《舊唐志》都以書名爲主，而以著者作小注，其例甚善。《新唐志》則改易爲著者姓名在書名之上，宋鄭樵甚不以爲然，他的〈不類書而類人論〉云：

　　古之編書，以人類書，何嘗以書類人哉？人則於書之下注姓名耳。《唐志》一例削注，一例大書，遂以書類人。且如別集自是一類，總集自是一類，奏集自是一類。《令狐楚集》百三十卷，當入別集類。如何取類於令狐楚，而別集與奏集不分。……

　　《唐志》以人置於書之上而不著注，大有相妨。如管辰作《管輅傳》三卷，唐省文例去「作」字，則當曰「管辰管輅傳」，是二人共傳也。……又如盧槃佐作《孝子傳》三卷，又作《高士傳》二卷。「高士」與「孝子」自殊，如何因所作之人合而爲一？似此類極多。《炙轂子雜錄注解》五卷，乃王叡撰。若從《唐志》之例，則當曰「王叡炙轂子新錄注解」五卷。是王叡復爲注解之人已。若用《隋志》例，以其人之姓名著注於其

下，無有不安之裡。[13]

2、劉咸炘的批評

　　鄭樵所論，正中《新唐志》之失。其實所論還不夠深切。劉咸炘《續校讎通義》，所論更為激切。他說：

　　《舊志》之謬，在變亂《隋志》之門類。然暗分子目，猶仿《隋志》，未盡亂也。《新書》乃全依時代，混其暗目。經部竟至以注人時代為次，而不論本經。禮類《二戴》先於《周官》、《儀禮》，《春秋繁露》先於《三傳》，混亂至是極矣；次第之法，至是亡矣。歐陽氏之過也。鄭樵撰《藝文略》碎分子目，而自矜為明類利，正矯此也。[14]

　　說明「以人類書」的缺點，比上文鄭樵所說的，還要嚴重。傳記一類的書，著者和傳主相混，只是對書的內容易有些誤解，不過可以在這一類前用凡例說明。劉氏所論，使類例不明，影響到即目求書，更說不上辨章學術，考鏡源流了。

　　無部類小序之失，劉咸炘又云：

　　烏呼！《七略》亡而《隋志》存其遺意，未盡亡也。《舊唐書》、《新唐書》出，而《隋志》之意亦漸亡。二書故承《隋志》之部次，而以亡《隋志》責之者。不能通《隋志》之意，守《隋志》之法，使後世循之而變。以至於幾不知《隋志》，而《七略》之意乃真亡也。

13　王樹民點校《通志二十略》，頁1817。（北京：中華書局，1995年）

14　《續校讎通義・唐宋明第八》，頁40。《推十書》本，新編頁1606。（成都：成都古籍書店，1996年），下引劉咸炘說，俱同。

　　二書之善否,觀其敘錄而可知矣。謂相沿敘述無出前修,遂省每類之敘錄。而總敘復籠統其辭,一朝著述體例之異於古者,遂不可知。後世沿用其體,皆劉昫作之俑也。世徒羨歐陽氏之文,不知其於著述體義,條別之法,毫無所解。但泛論經史子集之源流,此則作歷代藝文志序可耳,果何關於唐哉?但敘唐世書籍之聚散,便盡條別著述之道乎?(頁1605)

　　以上論未能仿《漢》、《隋》二志,採取《古今書錄》的小序,冠於各類,致使唐代著述體例,和前代的異同不明。可是歐陽修所撰的《崇文總目》,各類都有小序,《總目》的敘釋文字雖多亡佚,而小序則錄存於其《全集》中,還有二十七類。《新唐志》修成,晚於《崇文總目》。且有《古今書錄》可供參考,爲何無小序,實不甚可解。宋、明等志,遂仿其例,皆無小序。

　　且宋人書目,部類多有序,《崇文總目》之外,《陳錄》語孟、小學等九類有序,今本係清人所輯,不是足本,原書應是各部類皆有序。《晁志》易類、書、詩等二十六類,有三十三則小序。《玉海·藝文》、《文獻通考·經籍考》也有部類的序。在風行書目部類有序的時代,歐陽修居然不爲《新志》的部類作序,真不可思議。也許《崇文》的部類有序了,避免重寫。

3、聶崇政的批評

他說:

目錄本爲便於翻檢之用,使人能即類求書爲第一要義。倘

如《新唐志》以書類人之法行，則一類之書散在多處，又何能使人即類以求哉？且其書既將群籍分隸四部，每部之下又析爲若干類，是仍用以人類書法也。今於以人類書法中，忽雜以書類人之法，無乃自相刺謬乎？[15]

十、《新唐書藝文志》分類之失

1、分類五失

劉成炘論其分類之失又云：《舊書》之大謬有五……《新書》之大謬又有五：

一則收《隋志》所謂鈔撮舊史者於「編年」也，如李仁寶《通曆》以下。乃至帝王歷數亦入之。後世綱鑑、刪纂，悉混「編年」，由此啓之。

二則「僞史」一門，妄收《隋志》所謂「雜史」、「編年」「雜史」如《鄴洛鼎峙記》，「編年」如蕭方等《三十國春秋》也。

三則「雜史」一門，妄收「傳記」也。

四則「故事」全收「傳記」，開鄭樵之謬也。

五則「雜家」、「農家」因舊誤而更濫之也。

至於混收《女訓》於「傳記」列女之中，而已列女傳諸書並標爲女訓，直不足辨也。

2、《新志》劣於《舊志》

劉氏又云：《新志》於《舊志》之得者，又多失之：

「五經總義」《舊志》別立一門，不附《孝經》、《論語》，此甚善也。名之曰「經雜解」，尙可知其爲群經之解也。《新志》並雜字而刪之，則前此數類，何非經解也。

《舊志》以實錄附於起居注，善矣。蓋《隋志》實錄少，故入之雜史。其實實錄與起居注，皆記注而非撰述，故可合爲一而不可混於編年也。《新書》顯標實錄子目，尤爲善矣。而以詔令散入故事之中，尤有所取，而起居注、職官，三門總數，同列一行，歐遂因此而致誤。詔令何可屬起居注。省並總數，已爲無理，更因而致誤，非醉人而扶醉人乎？

惟訓詁、小學合並一門，差知變通。蓋後世訓詁書多，自不能仍沿《七略》也。

這一段略論《兩唐志》類目分合，類名等異同得失。

3、《兩唐志》的子目

劉咸炘云：

《新志》省去子目，於舊書所強分者皆不用。然又偶一立子目，詳略不齊，與《舊志》同。如正史不分通古、斷代，而忽標集史是也。道家別出神仙一子目，以別於莊列，似矣，而傳記、目錄悉入焉。釋氏亦別立一目。總集中別立文史一目，文心、史通、史例、詩格皆入之。夫文史二字，何由知爲評議之書。議史之書何爲入總集。此不可解也，而後世沿之，何耶？

　　《新唐志》各類，子目或有或無，或多或少，且無義例可言。又不如《舊唐志》。不過《兩唐志》在部、類下再分子目，且有類名，《舊唐志》僅在一些類之末，總計部卷時，分列子目。《新唐志》且將子目名稱，列於所攝各書之前。後來鄭樵在《通志藝文略》，採用三級分類，第三級的子目多且較有系統。《兩唐志》雖為例不純，然在分類上明列第三級子目，實有先導的作用。

4、其　他

劉咸炘云：

　　《新書》無所謂編次也，僅有分隸之謬耳。崔豹《古今注》入儀注。渚宮遺事、蠻書入地理。任子《道論》、杜夷《幽求》，真道家名理也，而入神仙。《隋志》名家有《人物志》，其書辨人品也，乃因而增入《河西人物志》、《吳興人物志》，則郡國傳記，因名同而混入矣。傳記中《幽州人物志》，何不移出邪？蓋幽州乃舊有，彼二種乃不著錄者也。《古今注》既移入儀注，又仍舊入雜家，鄭樵已糾之矣。乃因有《崔書》，而復牽雜史之《伏侯古今注》入雜家。小說一家乃收《誡子》、《家範》、《茶經》、《煎茶水記》，及刊誤、資暇等考證書。《世說》在小說，王方慶

　　《續世說》則入雜家。《錢譜》妄入農家，《續錢譜》則入小說。此皆由沿舊增新之岐出。藝術一門，增入書畫法訣可也，諸圖悉入焉。若如其意，則簿錄一目，將盡收四部書乎？

　　劉氏所舉各例，具有代表性，且能做有系統的分析。不過

幾乎把《新唐志》批評得一無可取，未能夠惡而知其美，作平情之論。

十一、各家批評

除了上文所列各家批評《新唐志》的得失之外，其他論《新唐志》得失的，分述於下：

1、《新唐書糾謬》

《新唐書》修成不久，吳縝便撰有《新唐書糾謬》二十卷，其中第十二為事狀重複，有十七條係訂正《藝文志》，如：《唐臨冥報記》，《雜傳記》、小說家兩見。

修史本可互注，不必重複。然《新唐書》進書表標榜「事增於前，文省於舊。」那麼一事數出，自宜刊省從一。吳氏所糾，不為無見，所惜還未能盡糾其謬。

2、《國史經籍志》

明焦竑《國史經籍志》，附錄「糾謬」，其中《唐藝文志》部分，凡三十六條，其中一條列舉多種書的，如加分析，則得書四十七種。《江表傳》、《列藩正論》、《玉璽正錄》、《西京雜記》等四條，糾其兩出，其他均是分類上的出入，而以雜史、傳記、農家等類為多。劉咸炘所論，頗受焦氏影響，而例証加多，項目加詳，批評較嚴。

3、《藝文志二十種綜合引得》

聶崇岐編《藝文志二十種引得》，其序文論及《新唐志》的，摘錄於下：

《舊唐》、《新唐》兩志，則更入道家於子部，附佛典於道家，非圖不得與四部並列，且夷爲附庸之附庸。而所採掇者，僅屬論注、目錄、史傳之類，翻譯諸經，一未著錄，偏狹脫略，更甚《隋書》。

《隋志》以降，對釋、道兩家，可說每「另眼看待」，不僅是《兩唐志》。聶氏此論，當受到梁啓超影響。不過效果還是很有限。如《中國叢書綜錄》，以及日本的一些漢籍目錄，多不收佛道兩藏。又云：

顧烜《錢譜》及封演《續錢譜》，本爲一正一續之作。乃《新唐志》一則列於農家，一則入於小說家。致性質初無分別之作，裂而入於二類，則實不知其可矣。

《隋志》醫方一類，亦有條不紊，部次井然。至《舊唐》、《新唐》二志，始合併載列，不予劃分。於是醫精藥錄之中，夾雜神仙服食之方。採捕吐納之書，混入鍼灸割治之法。而類例遂雜亂不可究詰矣。

所論《新唐志》分類之失，比鄭樵、焦竑、劉咸炘，所見藥大些。其他列舉《新唐志》重出各書，今不複出。

《新唐志》雖多謬誤，然材料既富，體例也有可取，利用價值仍高。

十二、後人的利用

　　《新唐書》因為是宋代官修，而且宋祁和歐陽修，都是位高望重。所以宋人多加利用，而少用《舊書》。當然也有例外，便是司馬光修《資治通鑑》，和鄭樵修《通志》，多採《舊唐書》。

　　至於解題書目，如《郡齋讀書志》、《直齋書錄解題》等，便很少參考《舊唐志》，甚至引用《新唐志》時，僅稱《唐志》，略去「新」字，當做專稱。這也是由於《舊唐志》所收，僅到開元年間，天寶以後全缺，而《新唐志》多收了一千多部唐人著作，可供參考的資料多。

　　《四庫全書總目》則多引《新唐志》，也因其所收唐人著述，遠比《舊唐志》完備。

　　清姚振宗撰《隋書經籍志考證》，遇有《兩唐志》所收各書，莫不兩志俱引。而屢言《舊志》類例，近於《隋志》，《新志》不如《舊志》之善。

　　余嘉錫撰《四庫提要辯證》，時引《崇文總目》，《新唐志》互相參證，每強調《崇文總目》雖是宋代官錄，然成書則早於《新唐志》。

　　大致重類例的人，多以《舊唐志》能不失《隋志》分類的精神，認為勝於《新志》。重資料的人，則因《新志》收羅唐人著述較為完備。而且對官修各書，詳記纂修人職位、姓名，成書年月。又別集等類，每能考論作者生平、時代、官職等，可補史傳的不足。

十三、各家注本

　　批評《兩唐志》的文字雖不少，然散見各家書目、文集、筆記等。利用《兩唐志》的，也偶加論述，更爲星散。兩志《合鈔》、《合志》，以及舊志考證，僅注意其分類出入，文字異同。千年以來，還沒有一部書，像對《漢志》、《隋志》一樣，做綜合性的考訂，論述。

　　在這種情形下，值得一提的，是《新唐志》的注本。

1、羅振玉

　　梁啓超《圖書大辭典簿錄之部》載有《新唐書藝文志考證》四卷，疑撰者是今人羅振玉。

　　羅振玉對圖書文獻，最爲注意，搜集、保護、整理、傳布，不遺餘力。自然也編印、刊行了一些書目，如能就《新唐志》加以考證，必能很精審。梁子涵《中國歷代書目總錄》也載有：《新唐書藝文志考證》，羅振玉編。上虞羅氏藏鈔本六冊，知頗有鈔本流傳。惟近幾十年，未見他人提到這部書，不知能否還有傳本在，就很難說了。

2、無名氏注本

　　《書目總錄》又有《唐書藝文志注》，不著編人名氏。北京大學圖書館藏江安傅氏雙鑑樓舊藏鈔本四冊、北京大學文科研究所藏曬印本四冊、梁氏慕真軒藏鈔本四冊。按此書與前書不同，唐景崇又有《唐書注》，是誰屬稿，未可知也。

3、王先謙注本

《唐書經籍藝文合志》前言，在記述《兩唐志合鈔》後，接著記述王先謙編著的《新舊唐書合鈔補注》說：「體例和前書（沈炳震合鈔）相仿，校注更加詳細。」王先謙有《漢書補注》，藝文志部分擇精而語詳，研究《漢志》的專書雖多，而以《補注》最為簡明扼要。他又以《郡齋讀書志》的衢州本和袁州本合校，兼攝兩種本子的資料，而又能分別存其原面目。以這些條件去注《兩唐書合鈔》，必然能取精用宏。希望能整理刊布這一稿本，以嘉惠士林。

4、繆荃孫注本

《合志》前言又說：「另外有《唐書藝文志注》鈔本，凡四卷，不著編纂者姓名，沒有刊行過。據傅增湘《藏園群書題記》說是《唐書本紀注》著者清唐景崇所著。同書的另一鈔本，前有余嘉錫序，則定為繆荃孫撰。……這個稿本的內容，以《新唐書藝文志》為主，……校注得很精細，舉凡書名、卷數、人名、時代等，對《二志》有互異之處，多作了考訂……」

這些注本，都無從見到……

中央研究院傅斯年圖書館有《唐書藝文志注》二冊，題唐景崇撰，曬藍本，內容和上述的繆荃孫注本相近。而收入善本書中，外人很不容易利用到，很希望該院能予以刊布，或是採用「建教合作」方式，由哪一所大學研習文史方面的研究生加以整理，作為學位論文。對該院，對學生，對社會，都有好處。

梁啓超說這是「不朽之業」，是不欺人的。

　　以中研院的注本來說，僅引些史志，略記書名、卷數、著者異同，採用資料有限，最好是能像姚振宗《漢志條理》、《隋志考證》那樣，去整理歷代史志。不過工程太大，得集合眾人的力量，長時間的分工合作才行。

十四、版　本

　　《新唐志》爲用既宏，傳本也多，擇其有特色或便於利用的，分述於下：

1、正史本

　　《新唐書》卷四十七至卷五十是〈藝文志〉，《新唐書》傳本甚多，略舉四種：

　　（1）有宋嘉祐間刊本，商務印書館編印的《百衲本二十四史》，即據以爲底本。

　　（2）嘉祐本罕見，國立中央圖書館有宋建安魏仲舉刊本，爲臺灣地區所藏最早刊本。

　　（3）清乾隆年間武英殿刊二十四史本。原刊已不很多見，然翻刻、影印的本子很多。

　　（4）點校本《二十四史》，把每一書名均提行頂格排，每頁排兩欄。《新唐志》每卷後附校記，僅引證史志、傳記等，僅有七條。遠不如《宋志》精審。其《舊志》校證，每引《新志》。校《新志》時，連《舊志》也不知利用。

2、單行本

《直齋書錄解題》卷八:「《唐藝文志》四卷,《新唐書》中錄出別行,監中有印本。」史志有單行本且曾刊行,此外僅有《清史稿‧藝文志》。疑是宋室南渡,為了搜求圖書,曾刊行《崇文總目簡目》等,交各州軍搜訪。錢大昕據《宋會要》云:

紹興十二年(1142)十二月,權發遣盱眙軍向子堅言:乞下本省,以《唐藝文志》、《崇文總目》所闕之書,注闕字於其下,付諸州軍照應搜訪。[16]

《新唐志》當即刊於此時。此本今不傳。

3、叢書本

(1)日本文政八年(1825)刊《八史經籍志》本。

(2)清光緒初鎮海張壽榮重刊《八史經籍志》本。

　　藝文印書館則據《八史經籍志》本影印。

(3)《叢書集成》本,即用《八史經籍志》本。又可分三種。

　　商務印書館加句讀後排印,而中多誤字。(各種影印《叢書集成》的版本均同。)

　　臺北新文豐出版社又據商務版縮印。

(4)民國五年吳興張鈞衡影刊《擇是居叢書》本,據建

---

16 見《十駕齋養新錄》卷14、〈崇文總目〉條,《嘉定錢大昕全集》冊7,頁397。(南京:江蘇古籍出版社,1997年)

安魏仲舉所刊《新唐書》中〈藝文志〉部，裁出單刊，而不是
《書錄解題》所記的監中所刊單行本。

（5）《歷代藝文志》本，民國初年上海書報合作社編印。
民國四十五年臺北遠東圖書公司翻印，改名《中國歷代圖書大
辭典》。有的圖書館，因而當作辭典處理。

（6）《歷代藝文志廣編》本。與《舊志》合稱《唐書經
籍藝文合志》，遷就《舊志》，次序大亂，說已見前。所附索
引，也多脫誤，不可據。

4、引　得

《藝文志二十種綜合引得》，燕京大學引得編纂處編，民
國二十二年印行。近年有成文出版社翻印本。雖是索引，不附
《新唐志》全文。然書名、人名兩部分編得都很詳盡，遠勝於
《合志》所附索引。而且可以同時查到《隋志》、《舊唐志》、
《宋志》等所著錄的相關資料，所以附記於此。[17]

十五、結　語

因為《舊唐志》未收開元以後兩百年唐人的著述，所以《新
唐志》增補了一千多部書，又能多記述作者爵里行事，在資料
上，遠勝於《舊志》，體例上也有足以稱道的地方。不過《新
唐志》採用以書類人的方式，亂了類例。《宋志》等尤而效之，
後人指《新唐志》是始作俑者。

---

17 所據為《八史經籍志》本，然可經過換算，去查其他版本。

　　只是《新志》的資料比《舊志》多的多，所以利用的價值還是很高，卻也不能取代《舊志》，因而兩《志》並行。查起來便得多費一番事。於是有沈炳震的《兩唐志合鈔》，商務印書局的《合志》，都因完全遷就《舊志》，《新志》的原貌橫遭破壞。世界書局本據以翻印，全因其舊。

　　《新唐志》有多家作注，惜僅有鈔本、稿本，有待整理刊行。所以《新唐志》還是一片有待開墾的園地，當整理並刊行幾種注本，進而仿照姚振宗考證《隋志》的方法，旁徵博引，以充分發揮《唐志》的辨章學術，考鏡源流的功效。

　　宋代盛行刊印圖書，不免有宋人刻書而書亡的情事。我們今天所看到的古書，絕大部分是經過宋人「整理」過的，失去了原來的面目。那麼記述唐人所著，和唐代所有的古籍，如《新唐書‧藝文志》，其價值可想而知。

《文獻通考‧經籍考》考評

序　引

《文獻通考》三百四十八卷，元馬端臨撰。其中卷一七四至卷二四九爲〈經籍考〉，凡七十六卷。或省稱〈經籍考〉。近年上海華東師大古籍研究所有點校本，一九八一年排印。

一、馬端臨傳略

馬端臨，字貴與，號竹洲；饒州樂平人。父廷鸞，宋咸淳中官右丞相，嘗建碧梧精舍，積書連楹。端臨寢饋其中，效袁峻課鈔經史，日五十紙。晨昏質問，默誦沈思，夜以繼日，學大進。時休寧曹涇精詣朱子學，端臨從之遊，師承有自。咸淳八年（1272），年十九，以郊恩補承事郎。明年，漕試第一。

會廷鸞與賈似道不合，引疾歸，端臨遂侍親疾不復與計偕，家居，門弟子甚眾，有所論辯，吐言如湧泉，聞者必有所得而返。宋亡，元招用，宋丞相劉夢炎仕元爲吏部尙書，嘗與廷鸞在宋同朝，相友善，使求端臨出身文書，以親疾力辭。其侍疾未藏脫冠帶，手調湯藥惟謹。廷鸞卒於元世祖至元二十六年（1289），距宋亡十餘年。服闋，稍起爲學官。至元間，歷任慈湖、衢州路柯山兩書院山長。

　　端臨既博極群書，又留心經世之務。顧自以宋相子，恥北面他姓。懷寶藏器，不獲見諸施行。乃因唐杜佑《通典》，增廣其門類，定補其訛缺，接續其後事，撰《文獻通考》，閱二十餘年而後成書。貫穿古今，該博過於《通典》，考古君子及治世者胥賴之。又有《大學集傳》一卷、《多識錄》一百五十三卷。

　　至治二年（1322）札請端臨親攜《通考》定本至饒州路校刊板行，時年已七十，後終於家。[1]

二、編纂旨趣

　　《文獻通考》總序除總論外，各考均有小序，今錄其〈經籍考〉部分如下：

　　昔秦燔經籍，而獨存醫藥卜筮種樹之書，學者抱恨終古。然以今考之，《易》與《春秋》二經，首末具存；《詩》亡其六篇，或以為笙詩，元無其辭，是《詩》亦未嘗亡也；《禮》本無存書，《戴記》雜出漢儒所編，《儀禮》十七篇及六典最晚出，六典僅亡《冬官》，然其書純駁相半，甚存王未足為經之疵也，獨虞夏商周之書，亡其四十六篇耳。然則秦所燔，除《書》之外，俱未嘗。亡也若醫藥卜筮種樹之書，當時雖未嘗廢錮，而並無一卷流傳至今者，以此見聖經賢傳，終古不朽。而小道異端，雖存必亡，初不以世主之好惡為之興廢也。

　　漢隋唐宋之史俱有〈藝文志〉，然《漢志》所載之書，以

1　見王棻《柔橋文鈔》卷14，〈補元史馬端臨傳〉。（上海：國光書局，1914年）承藍文欽先生影示。

《隋志》考之，十已亡其六七；以《宋志》考之隋唐，亦復如是。豈亦秦爲之厄哉？昌黎公所未爲之也易，則其傳之也不遠，豈不信然！

夫《書》之傳者已鮮，傳而能蓄者加鮮，蓄而能閱者，尤加鮮焉。宋皇祐時命名儒王堯臣等作《崇文總目》，記館閣所儲之書，而論列於其下方，然止及經史，而亦多缺略，子集則但有其名目而已。近世昭德晁氏公武有《讀書志》，直齋陳氏振孫有《書錄解題》，皆聚其家藏之書而評之。今所錄先以四代史志列其目，其存於近世而可考者，則採諸家書目所評，並旁搜史傳、文集、雜說、詩話，凡議論所及，可以記其著作之本末，考其流傳之真偽，訂其文理之純駁者，則具載焉。俾覽之者如入群玉之府而閱木天之藏。不特有其書者稍加研窮，即可以洞究指趣；雖無其書，味茲品題，亦可粗窺端倪。蓋殫見洽聞之一也。

作〈經籍考〉第十八。經之類十有三、史之類十有四、子之類二十有二，集之類六，凡七十六卷。[2]

小序在全書卷首，不爲人注意。現在通行之《經籍考》的單行本，更無此序，因錄於此。

三、著錄情形

〈經籍考〉收四千二十五種。今存宋代書目，除《宋史‧藝文志》外，以本書爲次多。所錄多出《直齋書錄解題》及《郡

---

2 《文獻通考‧自序》，頁6。（臺北：新興書局，1965年）

齋讀書志》（下略作《陳志》、《晁志》），《崇文總目》爲
此三目所無，僅一百五十六種，不到百分之四。其爲《宋志》
著錄者，可相參證。未經著錄者，可補《宋志》之遺。

今將〈經籍志〉考各類著錄情形分列於下，先列該類部數
在《崇文》、《晁》、《陳》三目之外的部份，則舉其最先出
的書名，以及該類的出現的次數。

卷一

總論

卷二、三

1、易　106部　丁寬《易》等7部。

卷四

2、書　46部　牟長《章句》　周防《尙書雜記》（本傳）
蔡九峰《書集傳》（自序）

卷五、六

3、詩　34部　《詩譜》（兩朝志）　黃度文叔《詩序》
（葉水心序）　王應麟《詩考》（自序）

卷七、卷八

4、禮　61部　史浩《周禮講義》　鄭鍔《周禮解義》　《禮
記新義》　《破禮記》　《丁丑三禮辯》（中興志）　張無垢
《中庸說》　《大學說》　呂氏《大學解》（朱子）

卷九、十

5、春秋　99部

《左氏國紀》（陳止齋序）　徐潮州《春秋解》（葉水心）
《左氏紀傳》（李巽岩）　《春秋三傳分國紀事本末》（劉後

溪序）

卷十一

6、論語　40部　王定國《論語》（秦少游序）　洪興祖《論語說》（《中興志》）

7、孟子　23部　《四注孟子》（《中興志》）　《翼孟》（周平園序）

卷十二

8、孝經　14部　張無垢孝經解　黃勉齋孝經本旨　馮椅古孝經輯注　楊慈湖古文孝經解（中興志）

9、經解　26部　三經義辯（中興志）　考信錄（劉後溪）

卷十三

10、樂　75部　《律呂新書》　《樂舞新書》（中興志）

卷十四、十五

11、儀注　66部　叔孫通《朝儀》　曹褒《漢儀》（本傳）《漢舊儀》（隋志）　《崇豐二陵集禮》（柳子厚）　《伊洛禮書補亡》　《伊洛遺札》（陳龍川序）　《朱文公家禮》（自序）　《中興禮書》（中興志）

12、諡法　8部

13、讖緯6部　《禮含文嘉》（兩朝志）

14、小學　98種　司馬光《名苑》（自序）　釋鑒聿《韻總》（歐公序）　王原澤《爾雅》（項平甫序）　正字《韻類》（陳止齋序）　《三十六字母圖》（鄭樵）　《象類書》（中興志）　《閣本法帖》（禮昭妃跋）　《小學字訓》（朱子）

以上經部計14類，702部，非《崇文》、《晁目》、《陳

目》三目所有計53部。

卷十八、十九

正史各門總：正史、編年、起居注

1、正史　25部　《續後漢書》（周平原序）

卷二十

2、編年　51部　《唐紀》（李巽岩）

卷二一

3、起居注　55部　李燾《高宗實錄》（自序、《中興志》）

卷二二

雜史各總門：雜史、傳記、偽史霸史，史評史鈔

4、雜史　24部

卷二三至二六

5、傳記　268部　《國朝編年政要》等五種（《中興志》）

卷二七

6、偽史霸史　61部

7、史評史鈔　43部　《南北籌邊》（周平園序）　《兩漢史鈔》　《兩漢博議》（《中興志》）　《典故辨疑》（自序）

卷二八

故事各門總：故事、刑法、地理、時令、譜系、目錄

8、故事　66部　蔣魏公《逸史》（洪容齋）　鄭夾漈《通志略》（自序、馬氏按語二則）

卷二九、三十

9、職官　69部　《歷代宰相年表》　《天禧以來御史年

表》　《天禧以來諫官年表》（李燾自序）

10、刑法　24部

卷三一至三三

11、地理　192部　《劍南須知》　《西南備邊錄》（李
巽岩）

12、時令　14部　《歲時雜詠》（晁無咎序）

卷三四

13、譜牒　21部

14、目錄　33部　《歐公親書集古錄跋》（釋云：「盧陵
所刻凡二百五十篇，集中闕七之二。」珆按：未明出何書。）

以上史部計14類，932部，非《崇文》、《晁目》、《陳
目》所有計16部。

卷三五至三七

1、儒家　89部　《太玄發隱》　《信書》（李巽岩）　《答
邇英聖問》（《兩朝志》）

卷三八

2、道家　49部

卷三九

3、法家　4部

4、名家　5部

5、墨家　3部　《隋巢子》　《胡非子》（洪容齋、葉石
林）

6、縱橫家　3部

卷四十、四一

7、雜家　69部　《范子計然》（子略、洪容齋）　《蘇文定公遺言》（周平園序）

卷四二至四四

8、小說　219部　《續樹萱錄》（洪容齋）　秦觀《逆旅集》（自序）　《孔氏野史》　《後山談叢》（洪容齋）　《夷堅別志》（自序）

卷四五

9、農家　54部

卷四六

陰陽各門總：陰陽、天文、曆譜、五行、形法（占筮）

10、天文　18部

11、曆算　15部

卷四七

12、五行　42部

13、占筮　19部

14、形法　41部　《陰陽精義》（葉水心序）

卷四八

15、兵書　37部

卷四九、五十

16、醫家　121部　《慶曆善救方》　《皇祐簡要濟眾方》（《兩朝志》）

卷五一、五二

17、神仙（含房中）　98部　無仙子刪正黃庭經（歐陽修序）　四十九章經（李壁序）　太平經（後漢書）　太上墨子

枕中記太乙真君顧命歌（中興志）

　　卷五三、五四

　　18、釋氏　83部　《妙法蓮華經觀世音普門品》（真西山跋）　《水懺》　《緇林古鑑》（李雲龕序）　《鮑壑宗記》（葉水心序）　正法世譜（自序）

　　卷五五

　　19、類書　59部

　　卷五六

　　20、雜藝術　75部　《廣象戲圖》（自序）

　　以上子部計20類、1103部，非崇文、晁、馬三目所有計25部。

　　卷五七至六八

　　1、賦詩　11部

　　卷五八至六八

　　2、別集　482部　《靖節詩注》（自序）　《楊評事文集》《濮陽吳君文集》（柳子厚序）　《柳處厚集》（劉禹錫序）張穆之《觸鱗集》　《曾致堯文集》（曾南豐序）　《梟繹先生集》（蘇東坡、司馬溫公序）　龐相國《清風集》（司馬溫公序）　《楊樂道集》（王介甫序）　《仲樸翁文集》　江鄰幾文集（歐陽公序）陸子鷹寓山集（周平園序）　薛簡肅公文集（曾南豐、周西麓）　《王容季文集》（曾南豐序）　《范蜀公集》（汪玉山序）　《張文叔集》（曾南豐序）　《王子立文集》（蘇穎濱序）　《李文簡公集》、《沈子壽文集》　《徐斯遠文集》（葉水心序）　《三近齋餘錄》（楊誠齋序）　《林

綱山集》　《陳樂軒集》（劉後村序）

　　卷六九至七二

　　3、詩集　343部　《黃御史集》（楊誠齋序）　《僧靈澈詩集》（葉石林序）　《張刑部詩》（王介甫序）　《邵茂誠詩集》　《王定國詩集》（蘇東坡序）　《胡宗元詩集》　《畢憲文詩集》（黃山谷序）　吳處士《靈谷集》（王介甫序）　《李少卿詩》（蘇穎濱序）　《熙庵藁》（楊誠齋序）　《歐陽威伯詩》（楊誠齋摘警句並跋）　《秘演詩集》　《惟儼集》（歐陽修序）

　　卷七三

　　4、歌詞　116部

　　卷七四

　　5、奏章　46部　《范貫之奏議》（曾南豐序）　《虞雍公奏議》（劉後溪序）

　　卷七五

　　總集各門總：總集、文史

　　6、總集　131部　《楚漢逸書》（洪野處）　《晉代明臣文集》（容齋隨筆）　《奇章集》　《咸通初表奏集》（中興志）　《續中興制草》（自序）　《唐三百家文粹》（劉後村序）　《送朱壽昌詩》　《江湖堂詩集》　《世綵集》（中興志）

　　7、文史　69部

　　以上集部計7類、1198部，非崇文、晁、馬三目所有計59部。

凡四部55類，4025部，非崇文、晁、馬三目所有計156部。

四、體　例

　　《文獻通考‧經籍考》其體例和《漢志》、《通志‧藝文略》等不同，所著錄的各書，都有一些說明或評論的文字，而這些文字，並不是劉向等編撰《別錄》的方法，是自行撰寫的。《四庫提要》認為是仿照《開元釋教錄》的方法[3]，而實既是遠紹梁僧佑的《出三藏記集》彙錄各家序跋而成的。[4]

　　說是彙輯序跋，還有些言過其實。因為《經籍考》引據最多的是《直齋書錄解題》，詩歌類全行迻錄《陳志》，別集類也大多依據《陳志》。其次是《郡齋讀書志》，《晁志》有袁州本和衢州本之別，各附趙希弁的《附志》二卷，馬氏據衢本，不錄《附志》。三是《崇文總目》，當時所見，已不是完本，所以採用的更少。四是宋代的《國史藝文志》，宋代共修過五次史志，記北宋有三朝、兩朝、四朝藝文志三種，南渡以後，

3　按：此段敘述不清楚。《四庫全書總目》是稱朱彝尊《經義考》取法《開元釋教錄》，而非指《文獻通考‧經籍考》。見《四庫總目》卷145〈開元釋教錄提要〉，頁1237。（北京：中華書局，1965年）衍琯師應是據陳垣《中國佛教史籍概論》說，然與陳垣說法略有不同，或有誤記。見下條注文。

4　陳垣《中國佛教史籍概論》卷1，〈出三藏記集〉一條下云：「朱彝尊撰《經義考》，每經錄其前序及後跋，即取法於此。《四庫提要‧釋家類》謂其取法《開元釋教錄》者，非也。」頁3。（臺北：文史哲出版社，1981年）〈開元釋教錄〉一條云：「《經義考》每經錄其前序及後跋，蓋取法《出三藏記集》。撰《四庫提要》者，只見《開元錄》，未見《出三藏記》，聞人言朱取法釋家目錄，遂以為《開元錄》耳。《開元錄》前十卷以譯人為主，與《經義考》之以書者不同；後十卷雖以經為主，而不錄經序及後記，又與《經義考》不同，正不必強為附會。」（頁20-21）

有《中興藝文志》和《續志》。馬氏在每一類的開端,有一總說,徵引歷代史志,宋代便引這五種史志,可惜僅引述各類有多少書,而各種史志裡所著錄各書的敘釋文字,則很少徵引。第五項則是各家的序跋,而這些序跋並不全世採自原書,有些是採自文集。所以這些書並不表示馬氏曾經見到過,甚至宋元之際,都不一定有傳本。

官修的有《續文獻通考‧經籍考》、《皇朝文獻通考‧經籍考》,劉錦藻有《續皇朝文獻通考‧經籍考》,名稱上仿馬氏,體例和資料就差遠了。雖說輯錄體有所承受,不過經《馬考》採用,使得這一體裁完備了。到清代便廣受《經義考》、《小學考》等學科書目,《愛日精廬藏書志》等廣泛採用,使得解題書目,不便都由編者撰寫。「有因而成易」,大開方便之門。

彙錄書志和序跋,也還可以看出編者的功力,如材料的蒐集、取捨、比勘、考訂,以至編排。還有便是馬氏的按語,不過按語並不多,僅有三十多條。

《文獻通考‧經籍考》實在是一部類書體的書目,而所採用的材料,有一部份如今還能找的到,也可供校勘異同。至於原始文獻已經亡佚的部份,是極有價值的,可供輯佚之用。清人輯《崇文總目》,近人趙士煒輯《中興館閣書目》,便曾充分利用。而《晁志》雖有傳本,《陳志》雖有輯《永樂大典》本,都不免有脫誤、刪改的地方,則可利用《文獻通考‧經籍考》來校訂。

《文獻通考‧經籍考》著錄了大量的宋人著述,宋代所編

的公私書目，不下百種。可是多已亡佚，流傳至今的，不過《崇文總目》、《新唐書‧藝文志》、《通志‧藝文略》、《郡齋讀書志》和《附志》、《遂初堂書目》、《直齋書錄解題》、《玉海‧藝文》和幾種佛藏書目而已。《文獻通考‧經籍考》雖是類書體，仍很值得我們重視。可是幾百年來，對這書雖也知道利用，然對其體製和價值，認識的並不夠。本文便是就這一方面，加以論述的。

五、引據資料

至於《文獻通考‧經籍考》全部所引據資料，除《崇文目》、《晁志》、《陳志》、宋國史志以外，今輯其簡目如後，略以最先出現於《文獻通考‧經籍考》的順序，並以數碼表明所出現的次數。

《朱子語錄》81　《周氏涉筆》12　《容齋隨筆《08　史傳銘贊24　自序及各家序跋55

所引以《朱子語錄》最多，其他滿十次以上者亦多，茲仿前例，彙錄姓名於下，次序則按筆畫多少，用字號的，儘可能查出本名，而以字號附記於後。

朱子33　李燾（巽岩）36　周必大（平園）20　洪邁（容齋、野處）34　馬廷鸞（先君、先公）06　曾鞏18　黃庭堅（山谷）30　楊萬里（誠齋）10　葉適（水心）30　葉夢得（石林）28　鄭樵（鄭氏、夾漈）17　歐陽氏（歐陽修）19　劉光祖（後溪）10　蘇軾（東坡）21　蘇轍（潁濱）10

其不到十次的圖書有一百三十種，姓氏有五十五人。可以

看出他對朱子的推崇，也可見《經籍考》所徵引的資料並不多。
其中除《崇文目》等以外，如引用李燾的《李氏文集》今已不
傳，後人要從事輯佚，便可以加以引用。

　　而第二十八卷《通志略》條按語云：

　　中興四朝藝文志別史類，載《通志》二百卷，其後敘述云：
　　中興初，鄭樵采歷代史及他書，自三皇迄隋，爲書《通志》，
　　仿遷、固爲記傳，而改表爲譜，志爲略。……

　　提到中興四朝藝文志有「別史類」，因《中興藝文志》早
已亡佚，而《四庫總目》別史類小序認爲《直齋書錄解題》創
立別史類，所以後人便認定別史類是陳振孫所創。根據馬氏的
按語，在陳氏之前的《中興藝文志》便先有別史類了。

　　按：趙士煒有《中興館閣書目》及《續書目輯考》，其自
序略云：「此目諸書所引，或曰《中興書目》、或稱《館閣書
目》、或稱《淳熙書目》、或僅稱《書目》，凡分五十二門，
以《通考》所引《中興藝文志》證之適合。《中興志》分類，
本之此目，其書名卷佚，《宋志》多與此合，間有參差，不及
百一。」又後序云：「宋《中興國史藝文志》序云：『今據《書
目》、《續書目》（中興館閣二目）詮校而志之。』今《中興
國史》已亡，門目尚存於《通考》。今按《宋志》每類書數間
與之合。《宋志》編次，或以《中興志》爲依據。」所以《宋
志》和《中興藝文志》的別類，實依據《中興館閣書目》，《中
興館閣書目》由秘書少監陳騤於淳熙五年（1178）所上。而《書
錄解題》成書於宋末，要晚了將近一百年。

　　世人習以《宋史》修於元代，因而把《宋史·藝文志》所

代表的時代，也視爲元代。而忽略了其所依據的資料的時代。可是如果不是《文獻通考》所引《中興藝文志》有這段文字，別史類的由來，便無法得其真相。

六、分　類

（原稿缺，亦未有口述資料）

七、盧文弨校補

《文獻通考·經籍考》既係匯錄史傳、序拔和各家書目，不免爲例不純，或有脫誤、刪改的地方，清盧文弨《群書拾補》、王先謙《郡齋讀書志校證》、今人余嘉錫《四庫提要辨證》，每有訂正，今分析如下：

盧氏校補，《經籍考》部分不多，然極精覈，今分析如下：

1、脫漏，又可分為

（1）脫全條　如卷二十六《道鄉語錄》等，計十四字。

（2）脫文　如卷九《春秋繁露》條下脫十四字，這類情形最多，不下百處。《通考》引書，本有刪節，然如文意不完足，或上下文不能連屬，即可確定有脫文。

（3）脫陳氏曰　計七十處，其中如卷二十四自「渡江遭變錄」以下，連續十七條。且有盧氏未能校出的，如卷二十六《孝史》、卷三十二《襄陽志》、卷四十五秦少游《蠶書》等。

其中最嚴重的是卷三十六脫漏《陳黯文集》後所引的晁氏曰和次條的《劉綺莊歌詩》標題，遂使二書誤合爲一。

2、重　出

如卷十二《經典釋文》，經解和小學兩見。《五經字樣》即前條《九經字樣》，既誤又重出，計有十七處，當予刪併。重出未經盧氏校出的尚多，《四庫提要》便舉出若干。

3、誤　乙

（1）順序失次，如卷二十六《魏公語錄》條，校云：「按陳氏曰與《別錄》小異而實同，則不應置《別錄》前，當移之於後爲是。」計五處，具見盧氏讀書，細入毫芒。

（2）文字錯簡，如卷三十四《米氏譜》條，自「景祐中」以下二十字，當接「王堯臣等撰」下，誤置「康定三年」下。

4、錯　誤

（1）誤字，如卷二十三《大和野史》，舊誤作太和，盧氏論述甚詳。類似此種情形也很多，而盧氏也僅舉其要，今不備出。

（2）誤引，如卷二十《續通鑑長編舉要》條，旁采異文至豐功盛得，盧氏云：「此一段語氣殊不類，求之本疏無此語。」琯按：當是他文錯入。

（3）誤繫，如卷二十九《翰林雜志》條下陳氏曰云云，盧氏曰：「按陳事語當別爲一條，不當附於不提撰人之下。」

（4）論小序之誤，如卷十八論實錄門。卷四十六論五行類引史志失次。

（5）臆改，如卷七十二《歸叟集》條，盧校云：「下諸名卿，今改勝作輕，是不知人亦可稱名勝也。」

（6）行款，如卷十七《趙氏家熟蒙求》、《宗室蒙求》，盧校云：「按此兩書目自爲一行，陳氏曰：趙彥絟撰。舊失引，而今遂與下一書相連，非是。又《幼學須知》，舊別爲行，今誤綴上條下。」計十一處。盧氏對本書款式錯亂，深爲痛惜。以至在卷三十七《胡子知言》條後憤然說：「今本似此者多，不能一一糾正，後再發雕，當考舊本正之。」在篇首和卷尾，各有一段文字痛斥妄改原書格式所產生的錯誤。結論是「真本因之遂失矣。此今人之巧於古人處，正今人之遠不及古人也。因書之，以爲戒。」

很可惜華東師大的點校本，未能利用盧氏的校補成果，不能算是善本。

王先謙校《郡齋讀書志》，每引《經籍考》相參證，因而間或也論到《經籍考》的優劣，補正其脫誤。摘要錄入下文拙見部分。今就余嘉錫《四庫提要辨證》所論及《經籍考》的地方，摘要錄出。余氏對《四庫總目》引用《經籍考》失當之處，每有極嚴正的批評，詳見下文。

其中最嚴重的是：《宣和奉使高麗圖經》條，提要云：「《通考》引李燾《說文解字韻譜》後序。（今本《通考》失去《五音韻譜》題目一行，遂誤列此序於《說文繫傳》條下。）」

與盧氏的《校補》考出脫誤《劉綺莊歌詩》標題，同等重要，而點校本也未能採用。

八、《經籍考》的增刪改易

近二十多年，筆者於《經籍考》先編有簡目，並列馬氏所徵引的資料，注明其書名、卷帙的差異。並以《晁志》、《陳錄》和《馬考》互校。深感馬氏不脫編類書的習氣，輕於刪節改易。不能像前述盧、王、余三氏與原書細校，而逕予引用，每易致誤。今也摘初一部份，所論間有是盧氏等所未注意到的。列舉如下：

易類　陸希聲《易傳》條，引《崇文》、《晁》、《陳》二志，然《崇文目》作《周易傳》二卷。《晁志》作《周易微旨》三卷，《陳志》作《周易解說》一卷《微旨》三卷。而《陳志》所敘篇卷最詳，書名宜從《陳志》。今題陸希聲《易傳》，實不足以表明。又《晁志》述希聲仕屨，《陳志》記爲吳郡人，《馬考》均加刪削，失去知人論書之旨。

春秋類　《春秋穀梁傳》和《穀梁傳集解》各引《晁志》，在《晁志》本爲一條，分而爲二。又改《晁志》「自孫卿五傳至蔡千秋漢宣帝……」，似較《晁志》明白，實係用《陳錄》《春秋穀梁傳》之敘釋。

張無垢《孟子解》至陳壽老《孟子紀蒙》五書，云說並見《論語》條下。略有互著別裁之意。然馬氏於《論語》諸書之末有按語，採《陳志》說：今國家設科，《語》《孟》並列於經，而程氏諸儒訓解二書常相表裡，故合爲一類。今從之。然既《論》《孟》分列，而對此論孟合注六種書，又採用參見方式，未能如《陳志》真正合爲一類。又其中張南軒《孟子說》，

當係參見《張氏論語解》，該條所引陳氏曰僅有張九成撰四字，既沒有參見意義，而且名號之間，馬氏無一字說明，幾於無從摸索。

經解類　《九經文字》條引《崇文總目》的五經字樣。《四庫》本按云：「《文獻通考》有唐元度《五經字樣》，《唐書藝文志》不載，蓋以其就張參五經文字校正，惟《九經字樣》爲新加者，此因與張參書並附見，故云二書。」認爲別有《五經字樣》一書。盧氏校補《五經字樣》條云：「按即前《九經字樣》也，不當分爲兩條，五或是誤字。」盧說可從。又《陳志》往宰城南云云，純係得書經過，《馬考》未刪，不合其引書例。

《唐書直筆新例》條，琯按：《晁志》分《直筆》四卷，《新例須知》一卷，而各有敘釋。《馬考》合爲一書，所引晁氏曰，僅係《直筆》敘釋。《陳志》則有《直筆新例》四卷，馬氏引陳氏曰，除《陳志》該條之外，並接續《晁志》《新例須知》之敘釋，又於記傳志各一卷之後，增「末一卷」三字，以足四卷。錯亂牽合，失晁、陳兩書面目。

地理類　《十道志》十三卷條，琯按：《陳志》作《唐十道四蕃志》十卷。《馬考》所錄敘釋，既刪去又有具員故事云云二十字，而易以「未定爲何朝人，此書有太和以後事，當是唐末人。」又《晁志》云：「其書多稱咸通中沿革，蓋唐末人也。」意思相近，通常《馬考》會刪後引的《陳志》。此條卻引了《陳志》所沒有的文字。

曆象類　景祐《乾象新書》三十卷條，引晁氏曰：今惟三

卷。琯按：《晁志》三卷，敘釋云：《崇文總目》有三十卷，置之天文類。所釋與《陳志》並不重複，且可證《陳志》三十卷有根據，自當引用。而僅改作今惟三卷，也和《晁志》的意思有出入。

《膏肓炙法》條，琯按：《陳志》以《本案節要》、《明堂鍼炙經》、《膏肓炙法》，三書共一條，所以釋云《清源莊綽季裕集》。而《馬考》僅著錄一種，仍照錄敘釋，集自便無著落。又《陳志》習以官銜、籍貫、姓名、字號，聯成一氣，冠於篇首，《馬考》則僅保留姓名，如在先引資料中已有姓名，更略去姓氏。今此條共七個字，實有四個字冗文，一個字沒有用。

《老子四象論》一卷　道士柳沖用《巨勝歌》一卷　《百章集》一卷，引陳氏曰：《百章集》稱魏伯陽。　琯按：《陳志》分三條，作「《四象論》一卷　稱老子」。「《巨勝歌》一卷　道士柳用沖撰」。「《百章集》一卷　稱魏伯陽」。今《馬考》強合三書爲一，於前兩書合敘釋與書名爲一，第三書又加分別。爲例不純，不一明瞭。又《陳志》此三書之間，還夾雜有他書，《通考》或收或不收。又《陳志》「《真仙傳道集》三卷」，輯本按云：「此條疑脫解題」疑有如其前條《四象論》，作「《傳道集》三卷　稱真仙」，爲刊《通考》的人合敘釋與書名爲一。

《柳賓客文集》條，陳氏曰未段「夢得自言，吾友柳議曹嘗謂吾文雋而膏味無窮，炙而愈出也。」爲《陳炙》所無。盧校曰：「此別是一條，本係提行，今誤連陳氏語下。」又於次

則「後村劉氏曰劉賓客夢得所作詩」校云:「新添劉賓客三字。新添所作二字,蓋因後村誤連上條,今改作提行,致有斯贅也。」

珰按:盧氏所校甚是。然上未能盡本條之失。夢得自言云云,本係提行,下連後村劉氏曰云云。後來想把劉氏曰提行,因而多加五字。可是夢得自言條多出五字,一行不能容,因而接續陳氏曰,可說顧此失彼,而不事誤連。

《饒德操集》一卷,《陳志》別集類無,詩集類有《倚松集》二卷,敘釋云:「臨川饒節德操撰,為僧號如璧。」《馬考》移入別集,書名從《晁志》,而截搭《陳志。敘釋和書名,成為「節為僧號如璧,其詩名《倚松集》,二卷。」

《張籍詩集》五卷,《陳志》有《張籍集》三卷、《木鐸集》十二卷、《張司業集》八卷附錄一卷,共三種,各有解題,《馬考》將第一卷數,附於《晁志》之末,作一本「纔三卷」,解題全行刪除。第二種解題全錄,而將凡十二卷記於末。第三種解題也全錄,而將《張司業集》八卷敘入其間,置附錄一卷不顧。

九、《經籍考》的體製和他書利用情形

綜合各家所論,對《經籍考》的分析,略述於下:

1、書名及卷數,如晁、陳並引,多從晁氏,不過也有不少例外。

2、所引各家書志、序跋等,不一定是按照先後順序,甚至也沒有其他次序可言。

3、所引晁氏曰及陳氏曰,每有脫誤,《四庫總目》不知

核對原書，因而跟著錯，甚至馬氏不誤的也錯了。

4、所引晁氏曰，係根據衢本，且不錄趙希弁的附志。偶有和衢本不同而和袁本相合的地方，或係他人所改，不足成為馬氏也用袁本的證據。

5、所引晁氏曰，每於末句加入馬氏所改寫的《陳志》。

6、所引陳氏曰，每有合《陳志》的兩條或多條，刪併為一條的。

7、後人校訂晁、陳、馬三家書，或有相互校補的地方，偶而也互相出入。

8、《馬考》因刊行時率意改易行款，致產生不少錯誤。

如果知道《馬考》的缺失，利用起來，才不致為其所誤，《四庫全書總目》便是不注意這些地方，所以見譏於《余氏辨證》，這是我們所應引為鑑戒的地方。再看後人引用《馬考》的情形，更可以加深我們的瞭解。

《永樂大典》除全抄《陳錄》外，《晁志》應也鈔入，每於各書下徵引《馬考》，可說採雙軌制。

《古今圖書集成》祇引《經籍考》而不知分別引用《晁志》和《陳錄》，一方面貪圖省事，再則當時晁、陳二志也不習見。

《四庫全書總目》常引用《馬考》，而憚於查核晁、陳二志。甚至說是引用晁、陳兩家說，而實係自《通考》轉錄。發生很多新舊錯誤，余嘉錫在《四庫提要辨證》中，有很嚴厲的批評，今略舉數例於下：

《唐史論斷》條，提要引《宋志》作二卷、《通考》十卷，此本僅三卷。余氏云：「《晁志》作《唐史要論》十卷，《陳

志》作《唐史論斷》三卷。《馬考》從《晁志》,而注其下曰:
一作《論斷》二卷。(一作云云,即指《陳志》言之,二疑當
作三。)今本書名卷數,皆與陳氏合。《提要》只言《通考》
作十卷,此本僅三卷,若不知《陳志》之已作三卷者。蓋由作
《提要》之時,止就《通考》檢查,未嘗參考晁、陳之書也。」

　　《朝野僉載》條,《提要》:「《新唐志》作三十卷,《宋
志》二十卷又補遺三卷,《通考》但有《補遺》三卷,此本六
卷,參考諸書皆不合。《陳志》謂書本三十卷,此其節略者,
當即此本。蓋宋人合《僉載》、《補遺》為一,刪併門類,已
非原書,又不知何時析三卷為六卷。」余氏云:「《晁志》只
有《補遺》,而無原書,《通考》因之。《陳志》云:《僉載》
一卷,其書本三十卷,此特其節略爾,別求知未獲。《提要》
徒見《通考》作三卷,又引陳氏此其節略之語,以為陳氏所見
亦是三卷,疑今本即陳氏所見,遂謂宋人合《僉載》補遺》為
一,而分三卷作六卷。不知《通考》所謂三卷,乃據《晁志》
之《補遺》。而《陳志》只作一卷,且是本書,而非補遺。晁、
陳所見本自不同,不得併為一談。」

　　《楚辭章句》條,《提要》:「《陳志》有《古文楚辭釋
文》一卷。」余氏云:「《晁志》始有之,《陳志》作《離騷
釋文》,《通考》著錄於賦詩類,本晁、陳兼引,而於晁氏語
刪落至多(只存兩句,計刪去九十餘字。)《提要》嫌其不詳,
而不肯考之《晁志》,故獨用陳氏語也。但《陳志》及《通考》,
並無古文二字,第言古本無名氏而已,《提要》點竄其語而誤
古本為古文。(閣本《提要》同)改《騷經》為《離騷》。不

知《楚辭》何嘗有今文古文之別。」

　　《宋元憲集》條，《提要》云：「《陳志》作四十四卷，《通考》同，似非誤。」余氏云：「衢本《晁志》有《宋元憲集》四十四卷，袁本作《緹巾集》二十卷。而《通考》例用衢本，故此條書名卷數，並從之。其題下附注稱一作《湜（緹之誤）中集》二十卷者，即指袁本言之。（張元濟跋，謂馬氏未見袁本，非也。）《提要》於此，殊不了了。」瑄按：《通考》附注，似後人所加。否則馬氏參照袁本之處必多。

　　《蔡中惠集》條，《提要》：「《宋志》《載集》六十卷《奏議》十卷，《通考》則作十七卷，疑《通考》總爲七十卷，而誤倒爲十七卷。」余氏云：「《晁志》作十七卷。《通考》晁、陳兼引，若書名卷數兩家不同，則多從晁不從陳。《提要》乃以不合《宋志》爲誤。不知一書數本，多寡不同，事所常有。」

　　《鄭堂讀書記》、《漢書藝文志條理等》、《四庫提要辨正》、《四庫總目補志》等，多逕引《通考》而核對《提要》所錄和原志間的差異。尤其是余嘉錫氏，更是核對得細入毫芒，因而能發現錯誤，加以糾正。

　　我們利用《經籍考》，最好能核對所引的原書，那麼直接利用原書，豈不更好。可是《通考》所引，又偶有保存原書面目，未經後人改動。再則所引《崇文總目》等，爲清人輯本所據，反成第一手材料，所以余嘉錫等引用《崇文總目》爲《通考》或《玉海》所引時，每不據輯本，其故在此。

　　《通考》分類，雖多本《晁志》等，而又略有出入，這也不是《晁志》等所能取代的。說那些文字爲馬氏所刪，這都是

《通考經籍考》不可相信，而又不可全廢的緣由。筆者不殫辭費，所想說明的主旨，便在以《經籍考》爲例，不可相信轉手的材料。祇要地一手材料還在，類書體的文獻，不妨當作索引，查出關於某一事物有哪些材料，再據以找原書。因爲類書徵引，通常都會刪節改易原書面目的。

附錄：

《漢書‧藝文志》體例表解

1、〈六藝略〉著錄次序及體例

類　別	著錄次序及著述名稱	例　外	書名作者體例	例　外
易　類	經（各家）、傳、訓、古雜、章句		以姓氏爲篇名（如服氏二篇）	《淮南道訓》二篇
書　類	古文經、經、傳、章句、解故、說義、傳記、奏議		姓氏＋篇名（如歐陽《章句》三十一卷）	《周書》七十一篇、《奏議》四十二篇
詩　類	經（各家）、魯（故、說）、齊（故、傳、雜記）、韓（故、傳）、毛（經、故傳訓）		家＋姓氏＋篇名（齊后氏故二十卷）	部份不加姓氏，如齊雜記十八篇、韓故三十六卷
禮　類	古經、經、記、周官經傳、議對、奏議		僅以篇名著錄（如《明堂陰陽記》三十三篇）	《王史氏》二十二篇（以姓氏著錄）
樂　類	記、雅歌、雅琴	無經		
春秋類	古經、經、傳、微、微傳、外傳、章句、記、奏議	公羊董仲舒治獄以下，爲《國語》等各種史書。	姓氏＋篇名（如公羊傳）	各種史書不加姓氏（《太史公》百三十篇、馮商所續《太史公》七篇例外）
論語類	古、經、傳、說、奏議、家語、圖法			
孝經類	古、經、說、傳、	安昌侯說	姓氏＋篇名（如	《五經雜議》

	雜議、字書、弟子職	於《雜傳》後，末《說》三篇，應是《弟子職》之說。	長孫氏說）	以下無姓氏（如《小爾雅》一篇）
小學類	字書、傳、訓纂、故		篇名（如《蒼頡》一篇），姓氏+篇名（如揚雄《蒼頡訓纂》一篇）	

2、《漢志》使用篇與卷情形

（1）〈六藝略〉

類　別	數計原則（括弧內表家、篇卷數）	例外	特例
易　類	篇（13，294）		
書　類	篇（9，412）	《古文經》四十六卷、《經》二十九卷、歐陽《章句》三十一卷、大小夏侯《章句》各二十九卷	
詩　類	卷（6，416），總計仍以篇計之		
禮　類	篇（13，515）	《古經》五十六卷、	
樂　類	篇（6，165）		
春秋類	篇（23，948）	《經》十一卷、《左氏傳》三十卷、《公羊傳》十一卷、《穀梁傳》十一卷、《鄒氏傳》十一卷、《夾氏傳》十一卷	
論語類	篇（12，229）	《燕傳說》三卷、《孔子家語》二十七卷、《孔子徒人圖法》二卷	
孝經類	篇（11，59）	《古今字》一卷	《爾雅》三卷二十篇

| 小學類 | 篇（10，45） | | |
| 總　計 | 篇（103，3123） | | |

（2）〈諸子略〉

類　別	數計原則	例　外	特　例
儒　家	篇（53，836）		
道　家	篇（37，993）		
陰陽家	篇（21，369）		
法　家	篇（10，217）		
名　家	篇（7，36）		
墨　家	篇（6，86）		
縱橫家	篇（12，107）		
雜　家	篇（20，403）		
農　家	篇（9，114）		
小說家	篇（15，1380）	《百家》百三十九卷	
總　計	篇（189，4324）		

（3）〈詩賦略〉

類　別	數計原則	例　外	特　例
屈原賦	篇（20，361）		
陸賈賦	篇（21，274）		
孫卿賦	篇（25，136）		
雜　賦	篇（12，233）		
歌　詩	篇（28，314）		
總　計	篇（106，13118）		

（4）〈兵書略〉

類　別	數計原則	例　外	特　例
兵權謀	篇（13，259）		
兵形勢	篇（11，92）	圖十八卷	
陰　陽	篇（16，249）		

兵技巧	篇（13，199）		
總　計	篇（53，790）	圖四十三卷	

（5）〈數術略〉

類　別	數計原則	例　外	特　例
天　文	卷（21，445）	《黃帝雜子氣》三十三篇、《金度玉衡漢五星客流出入》八篇、《圖書祕記》十七篇	
歷　譜	卷（18，606）		
五　行	卷（31，652）		
蓍　龜	卷（15，401）	易卦八具	
雜　占	卷（18，313）		
形　法	卷（6，122）	《山海經》十三篇	
總　計	卷（90，2528）		

（六）〈方技略〉

類　別	數計原則	例　外	特　例
醫　經	卷（7，216）		
經　方	卷（11，274）		
房　中	卷（8，186）		
神　僊	卷（10，205）		
總　計	卷（36，868）		

六略總計	卷（38種、596家，13269卷）

三、〈六藝略〉論各類之流傳

類　別	作　者	今文始傳	立學官	古　文	民　間
易　類	伏羲畫卦、文王重卦、孔子作十翼	田何	施、孟、梁丘、京	中古文《易經》	費（與古文同）、高

書　類	河出圖、雒出書，孔子纂焉	伏生	歐陽、大小夏侯	出孔壁、中古文	
詩　類	孔子編	魯申公、齊轅固、燕韓嬰	魯申公、齊轅固、燕韓嬰		毛公
禮　類		高堂生	戴德、戴聖、慶普	魯淹中	
樂　類		制氏			河閒獻王做《樂記》
春秋類	孔子	公羊、穀梁、鄒、夾	公羊、穀梁		
論語類	孔子、孔子弟子	齊、魯			
孝經類	孔子爲曾子述孝道	長孫氏、江翁、后蒼、翼奉、張禹		孔壁	
小學類					

四、〈諸子略〉論各家所出及得失

類　別	所　出	其　　長	其　　短
儒　家	司徒之官	助人君順陰陽，明教化	惑者失其精微，辟者隨時抑揚，苟以譁眾取寵，後進循之……此辟儒之患。
道　家	史　官	歷記成敗、存亡、禍福、古今之道，然後知秉要執本，清虛以自守，卑弱以自持，合於堯之克攘，易之嗛嗛，一謙而四益，此其長也。	放者爲之，則欲絕去禮學，兼棄仁義。曰：獨任清虛，可以爲治。
陰陽家	羲和之官	敬順昊天，歷象日月星辰，敬授民時。	拘者爲之，牽於禁忌，泥於小數，舍人事而任鬼神。

法　家	理　官	信賞必罰，以輔禮制。易曰：「先王以明罰飭法。」此其所長也。	刻者爲之，無教化，去仁愛，專任刑法，而欲以致治，至於殘害至親，傷恩薄厚。
名　家	禮　官	古者名位不同，禮亦異數，孔子曰：「必也正名乎？名不正則言不順，言不順則事不成。」此其所長也。	譥者爲之，則苟鉤𨙡析亂而已。
墨　家	清廟之守	茅屋采椽，是以貴儉。養三老五更，是以兼愛。選士大射，是以上賢，宗祀嚴父，是以右鬼。順四時而行，是以非命。以孝視天下，是以尙同。此其長也。	蔽者爲之，見儉之利，因以非禮。推兼愛之意，而不知別親疏。
縱橫家	行人之官	孔子曰：「誦詩三百，使於四方，不能專對，雖多，亦奚以爲？」又曰：「使乎使乎！」言其當權事制宜，受命而不受辭，此其所長也。	及邪人爲之，則上詐諼而棄其信。
雜　家	議　官	兼儒墨，合名法，之國體有此，見王治之無不貫。此其所長也。	盪者爲之，則漫羨而無所歸心。
農　家	農稷之官	播百穀，勸耕桑，以足衣食，故八政，一曰食，二曰貨。孔子曰：所重民食。此其所長也。	鄙者爲之，以爲無所事聖王，欲使君臣並耕，誖上下之序。
小說家	稗　官	雖小道，必有可觀焉……如或一言可采，此亦芻蕘狂夫之議也。	致遠恐泥，君子弗爲也。

五、〈數術略〉各類之作用及其失

類　別	作　用	其　失
天　文	序二十八宿，步五星日月，以紀吉凶之象，聖王所以參政也。	觀景以遣，形非明王亦不能服聽也。以不能由之臣，諫不能聽之主，此所以有兩患也。
歷　譜	序四時之位，正分至之節，會日月五星之辰，以考寒暑生殺之實。	非天下之至材，其孰與焉。道之亂也，患出於小人，而強欲知天道者。壞大以爲小，削遠以爲近，是以道術破碎而難知也。
五　行	五常之形氣也。《書》云：「初一曰五行，次二曰羞用五事。」言進用五事以順五行也……其法始於五德終始，推其極，則無所不至。	小數家因此以爲吉凶，而行於世，浸以相亂。
蓍　龜	聖人所用也。《書》曰：「女有大疑，謀及卜筮。」《易》曰：「定天下之吉凶，成天下之亹亹者，莫善於蓍龜。」是故君子將有爲也，將有行也，問焉而以言，其受命也如嚮，無有遠近幽深，遂知來物。非天下至精，其孰能與於此。	及其衰世，解於齋戒，而婁煩於卜筮，神明不應。故筮瀆不告，《易》以爲忌。龜厭不告，《詩》以爲刺。
雜　占	紀百事之象，候善惡之徵。	惑者不稽諸躬，而忌訞之見。是以詩刺召彼故老，訊之占夢。傷其舍本而憂末，不能勝凶咎也。
形　法	大舉九州之域，以立城郭室舍形人及六畜骨法之度數，器物之形容，以求其氣貴賤吉凶。	

六、〈方技略〉論各類作用及其失

類　別	作　　用	其　　失
醫　經	原人血脈精落骨髓陰陽表裡，以起百病之本，死生之分。而用度箴石湯火所施，調百藥其和之所宜。	拙者失理，以癒爲劇，以生爲死。
經　方	本草木之溫寒，量疾病之淺深，假藥味之滋，因氣感之宜，辯五苦六辛，致水火之齊，以通閉解節，反之於平。	失其宜者，以熱易熱，以寒增寒，精氣內傷，不見於外，是所獨失也。故諺云：有病不治，常得中醫。
房　中	情性之極，至道之際。是以聖王制外樂以禁內情，而爲之節文。	迷者弗顧，以生疾而隕性命。
神　僊	所以保性命之真，而游求於其外者也。聊以盪意平心，同死生之域，而無怵惕於胸中。	或者專以爲務，則誕欺怪迂之文彌以益多。

後　　記

　　《中國歷代藝文志考評》原是喬老師與國立編譯館簽約的著作合約。書約簽訂的時間甚早，但著手進行時，由於部分文獻考證和資料闡釋的問題，老師認為在未能得見較早或是較完善的版本以前，難以論定，所以簽約後雖然在期刊上陸陸續續發表相關的論述，但本書卻一直沒有正式的動筆，因此老師於民國八十四年（1995）主動向國立編譯館提出解約和退還簽約金的請求，並獲得館方的同意與諒解。老師多次告訴筆者，解約只是為了減少時間上和心理上的壓力，並非放棄著述和履約的承諾。同年，老師自政大中文系退休，並且逐年停掉在研究所講授的目錄、版本、校勘、輯佚、辨偽等課程。老師心想：退休之後，可以專心思索問題，蒐集整理相關的研究成果與資料，並以自己畢生投注心力的版本目錄學知識，完成《中國歷代藝文志考評》一書，再申請由國立編譯館出版，以履行之前的承諾。

　　老師希望藉由退休後的充裕時間，完成《中國歷代藝文志考評》，並藉此構思個人目錄學體系的計畫，卻因為種種的人生意外而無法遂行。首先是是老師自政大退休的隔年，師母發生意外，就醫復健年餘，陪伴師母到三軍總醫院診療，成為喬老師唯一關心的大事，計畫也就不得不暫時中斷。更不幸的是

再隔一年，老師遭到嚴重車禍，不僅導致喬老師無法正常行動，思考亦大受影響，《中國歷代藝文志考評》當然也就很難再按原計畫完成了。現存的稿件，僅是老師退休後半年間進行的若干記錄。

　　老師原先擬定的《中國歷代藝文志考評》全書分三十章，完成的只是總論中的一部分，就是這講述稿的前半。後半的〈《舊唐書·經籍志》考評〉及〈《文獻通考·經籍考》考評〉二篇，是屬於分論部分，主要是依據舊稿刪改增補而成。

　　起初的計畫，大致是這樣：總論及結論部分，先擬定要論述的大綱，詳細內容以口述方式進行，分別由蕭及聰先生和筆者錄音、筆記，逐字逐句的整理成文字稿，再由老師親自修改為定稿。可惜老師因前述的意外，僅修改了其中少部分的內容而已。分論部分，老師之前已經有論文的，則依據舊文刪改及增補，進行的程序是依照老師指示，先將散在各篇中相關的資料彙整在一起，並蒐集近人的著述作為參考，然後重新組織論述，以成章節。未有專文探討的，則以口述為之。附錄的〈漢書藝文志表解〉，即是依據老師的指示作成的表格，原本是要作為論述《漢書·藝文志》之用，但這部分老師既未進行，這表格也無從發揮其既有的功用，茲僅附錄於此，以誌其事。

　　老師在〈歷史藝文志漫談〉（《國立中央圖書館臺灣分館館刊》第1卷第2期，1994年12月）一文中，將歷史藝文志分作六類，這即是考評的大致範圍，也就是全書分論部分要探討的內容，這六類分別是：

　　1、正史藝文志。如《漢書·藝文志》、《隋書·經籍志》、

《清史稿・藝文志》等。

　　2、補志。正史中無藝文志，後人補撰，如姚振宗《補後漢藝文志》、《補三國藝文志》、及王仁俊《西夏藝文志》等。

　　3、志補。正史中有藝文志，而因所載不夠完備，後人因加以增補。如姚振宗《漢書藝文志拾補》、武作成《清史稿藝文志補》，著錄之富，與原志略相當。彭國棟《重修清史藝文志》，係就國防研究院《清史稿》加以增訂，可謂是自成專書，但實質上仍是志補。

　　4、非正史的藝文志。如《通志・藝文略》、《文獻通考・經籍考》、《玉海・藝文部》等。

　　5、考志。如王應麟《漢藝文志考證》、姚振宗《漢書藝文志條理》，陳國慶《漢書藝文志注釋彙編》等。

　　6、綜合探討。如鄭樵《通志略》、章學誠《校讎通義》、梁啓超《圖書大辭典部錄之部》及哈佛燕京學社編印的《二十種藝文志綜合引得》等。

　　以上六類中，除《隋書・經籍志》外，老師大部分已有相關的論述，《漢書・藝文志》雖未有專篇論文，但有〈漢書藝文志中的篇與卷〉一文，略論相關的問題。

　　老師若以舊稿為基礎，再進行小部分的增刪改補，完成《中國歷代藝文志考評》應非難事。但是老師並不願意直接編輯舊稿成書，而是希望藉此完成一部可以「辨章學術，考鏡源流」的目錄學流變史，因此，舊稿有些須要大量的增補資料，有些則須要大幅度修改。而近些年來大陸學者的論著，若干觀點老師認為很值得參考，部分說法則須要辨正，這些現實的考慮，

不僅增加了《中國歷代藝文志考評》的分量，同時也增加了撰寫的困難度。

　　這分講述稿中，因分別有口述記錄及以舊論文修改的不同，因此整理工作也略有差異。〈《新唐書·藝文志》考評〉及〈《文獻通考·經籍考》考評〉二文是依據舊文修訂，增加的內容是由老師口述，直接加入，不見於舊論文的表格則依據老師的指導繪製。文中的註腳部分，與舊文略有差異，筆者主要是統一體例及修正訛誤，舊稿引文出處有誤者逕行更正，不另作說明；文中徵引資料的論述，若與原文意旨不合，則在註腳中略加疏通說明。口述錄音中部分人名、書名不甚清楚，整理時僅能儘量依據老師的著作和相關論文查核，無法確保完全正確。口述內容的注釋，則是整理之際加入，目的是希望有助於對內容的了解。還有老師博學多聞，幽默風趣，講述時偶爾會穿插其他非關主題的情實，這部分在整理時儘量移出，另成獨立小段或暫時保留，以使每一段的內容前後連貫，整理的稿件因此與原講述的順序不盡相同。

　　臺北文史哲出版社彭先生，有感於老師在版本目錄學上的成就與貢獻，除計畫出版老師的著作集外，並責令筆者將書稿整理，公諸於世，以供研究者參考。筆者渥蒙　老師不棄，多年的學術指導與生活照顧，使下愚如我者，不僅得以略識治學門徑，生活上亦能免於風雨之憂；眼見種種的意外，使得老師無法完成《中國歷代藝文志考評》的素志，自己又無能為力，真是既羞愧又感慨，現依照老師及彭先生的指示，將此稿件整理出版，或許可以稍稍彌補心中的愧疚之情，亦深誌心中之感念。

筆者才疏學淺，既未能窺得老師學術之萬一，老師現在又無法親自校正，因而整理之際的疏失錯誤，自難避免，不過以老師的寬厚，應該會原諒學生纏對，另則還請方家先進多多包涵指正。